Only One Style

Act on the GLOBE

SEIBUDAI NIIZA
Junior High School

地球サイズのたくましい人間力。

子供たちが社会に出る10年後。そこには間違いなく、今より格段にグローバル化が進展した世界が広がっているでしょう。西武台新座中学校の6年間は、そうした将来の社会で活躍できるたくましい人間力を育てるためにあります。

本校では、「高い学力」と「グローバル・リテラシー」という2つの大きなチカラの育成を目標に、独自の英語教育や先端的なICT活用教育など、新しい概念のプログラムや環境を整備し、この1年間で確かな成果と手応えを得ております。説明会では、そんなお話を中心に、「学ぶ喜び」と「新しい出会い」に充ちた、かけがえのない6年間について、ご案内させていただきます。

11/9（土）第5回 学校説明会
時間:10:00～12:00 会場:本校
説明会終了後、個別相談も実施いたします。

11/30（土）入試模擬体験会（要予約）
詳細は本校ホームページをご覧ください

12/7（土）第6回 学校説明会
時間:10:00～12:00 会場:本校
説明会終了後、個別相談も実施いたします。

12/22（日）入試直前情報説明会
時間:10:00～12:00 会場:本校
２０１４年の入試問題を想定した、問題解説や入試ポイント、絶対に役立つヒントをお伝えします。入試個別相談や校舎見学もお気軽にお声がけください。

スクールバスをご利用ください。
◆本校での説明会開催時には、柳瀬川・新座・所沢各駅から、スクールバスを運行いたします。
◆運行時間は、本校Webサイトでご確認ください。
◆お車でお越しの場合は、駐車スペースに限りがございますので、必ず前日までにご連絡ください。

お問い合わせ:TEL.048-481-1701（代）
〒352-8508 埼玉県新座市中野2-9-1
学校法人 武陽学園 西武台新座中学校・西武台高等学校

西武台新座中学校

西武台TV ON AIR 視聴はこちらから! 西武台新座 検索

早稲田アカデミー 中学受験を決めたその日から

サクセス12

写真●Seaside

今月号の表紙

サクセスホームページ
http://success.waseda-ac.net/

CONTENTS

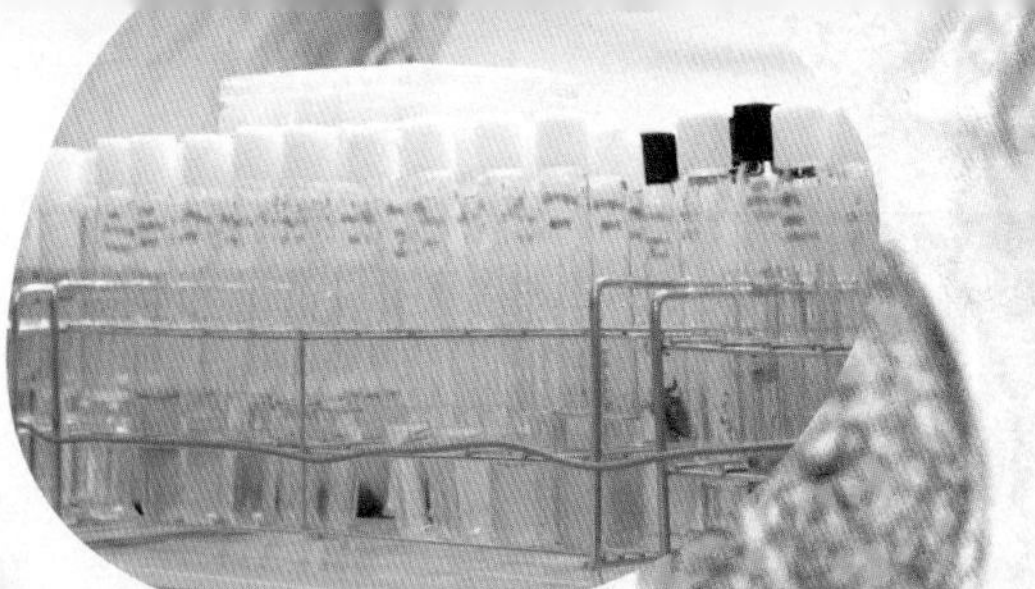

たった0.05mmのミドリムシが地球を救う!?

みなさんは、知っていましたか?
小さなミドリムシが秘める大きな可能性を!

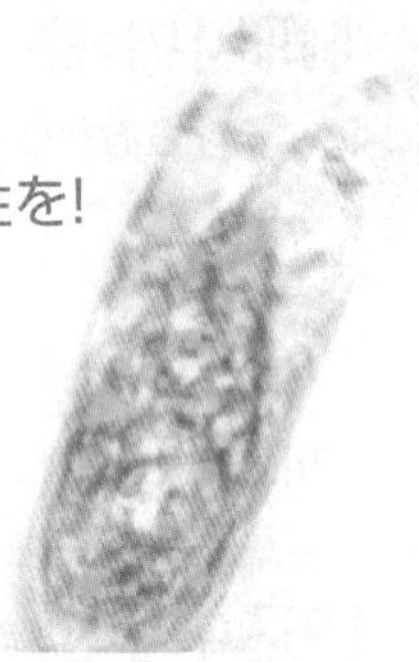

乾燥させて
粉末化

粉末1gに約10億匹の
ミドリムシが入っています

「僕らの相棒、ミドリムシ」

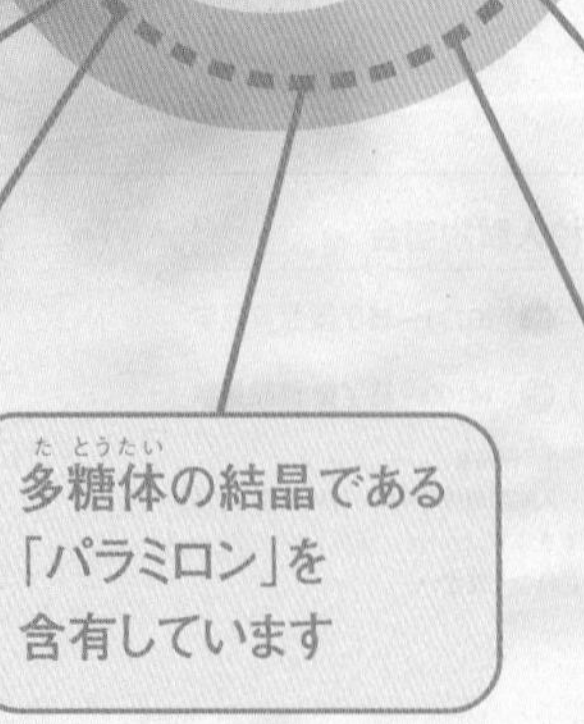

大きさは、約0.05mm

学名:ユーグレナ(Euglena)

5億年以上前に誕生した
原子生物の1つ

鞭毛《べんもう》を使い動き回ることが
できます

成長に必要なエネルギーは光合成をして作るため、「水」と「二酸化炭素」と「光」があれば生きていくことができます。

多糖体《たとうたい》の結晶である
「パラミロン」を
含有しています

緑色は葉緑素(クロロフィル)の
色です

植物と動物の両方の
性質を持つ
藻の一種です

人間に必要な栄養素を
ほぼすべて含んでいる
— その数59種類

ユーグレナ(Euglena)の
名前の由来は
「美しい(eu)」「目(glena)」

甘や
麻布茶房
AZABU SABO

全国初!
ミドリムシ入りメニューを定番化!

「白玉クリームあんみつ」
680円(税込)
寒天1食分に
ミドリムシ210mg

「クリームスイートポテト」
630円(税込)
スイートポテト1食分に
ミドリムシ300mg

寒天やところてんの原料となる天草《てんぐさ》と、ミドリムシが同じ藻類であることがきっかけで始まったこのコラボレーション。ミドリムシ入りの商品を作るにあたり、麻布茶房では寒天の製造方法を変更し、見た目や食感などにもこだわってミドリムシを練り込みました。「麻布茶房」グループの全38店舗(海外店舗は除く)でミドリムシ入りの商品を食べることができます。寒天、ところてん、スイートポテトにミドリムシが含まれており、その商品数は全20品もあります(店舗により多少異なる場合がございます)。

「美味しいものを食べて
笑顔で元気になってもらいたい」
そんな思いで、麻布茶房はみなさまのご来店を
お待ちしております。

「白玉クリームあんみつ」を笑顔でおすすめするのは、
店舗スタッフの益田かおりさん

麻布茶房　東急プラザ渋谷店
住所/〒150-0043東京都渋谷区道玄坂1-2-2
東急プラザ渋谷 9F
電話番号/03-5456-5850
営業時間/11:00~22:00 ラストオーダー 21:30
1/1と年1回の不定期休

ミドリムシが解決する3つの問題

食料・健康問題

地球上には、飢餓《きが》に苦しみ、栄養不良状態にある人がたくさんいます。栄養素をバランスよく摂取しなければ、人間は健康的に生活することはできません。

「人と地球を健康にするために、何かできることはないか」—ミドリムシには、その問題を解決する可能性が秘められているのです。

未来食材「ミドリムシ」

植物と動物の両方の性質を持ち合わせている藻の仲間であるミドリムシには、人間が生活していく上で必要な栄養素の大半が含まれています。ミドリムシには、不足しがちな栄養素を補うためのサプリメントや食料援助の素材としての可能性があります。

エネルギー問題

石油や天然ガスなどの化石燃料には限りがあり、あと数十年もすると枯渇してしまうと言われています。さらに、化石燃料を使用すると二酸化炭素を排出するため、環境への影響が心配されています。ミドリムシからつくられたジェット燃料で飛行機が空を飛ぶ—近い未来、実現します。

飛行機の燃料にもなるミドリムシ!

ミドリムシは、「パラミロン」という特有の多糖類《たとうるい》を細胞内に貯めこむ性質があります。しかし、そのミドリムシを酸素のない環境におくと、貯蔵していた細胞内の「パラミロン」が「ワックスエステル」という油脂状の物質に変化します。この「ワックスエステル」が、バイオ燃料に利用できる脂質(オイル)なのです。特に、ミドリムシから抽出、精製されるオイルは非常に軽く、ジェット燃料に適しています。

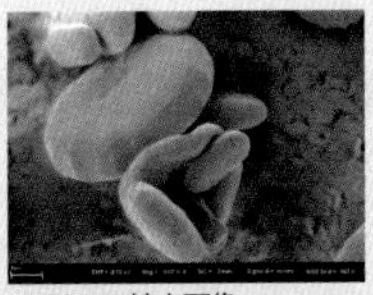

パラミロン拡大画像
提供:青山学院大学 福岡伸一教授

環境問題

科学技術の発達と人口増がもたらした環境問題。水質汚染や大気汚染、二酸化炭素の排出が主な原因とされる地球温暖化…。環境保全と経済成長を両立させるためにミドリムシは力を発揮します。

「水質浄化」ミドリムシで水をキレイに!

下水から赤潮の一因である窒素やリンをミドリムシによって取り除き、きれいにした水を地球に戻す実験を進めています。また、原油を採掘することによって出る水を浄化する技術開発も行われています。

「二酸化炭素固定」ミドリムシで地球上の二酸化炭素を循環

二酸化炭素固定とは、空気中の二酸化炭素を植物や微生物が体内に取り込み、ため込む性質のことです。ミドリムシは、特にこの性質に優れています。また、発電所の煙突から出された排出ガスを吹き込んだ培養液の中でも元気に成長し、増殖していきます。

※排ガスの二酸化炭素濃度は大気中の約400倍

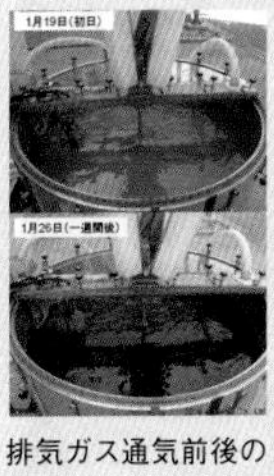

排気ガス通気前後の
ミドリムシ培養槽内の
様子

人の役に立つための研究がしたい—

子どもの頃からの夢を「ミドリムシ」と共にかなえる！

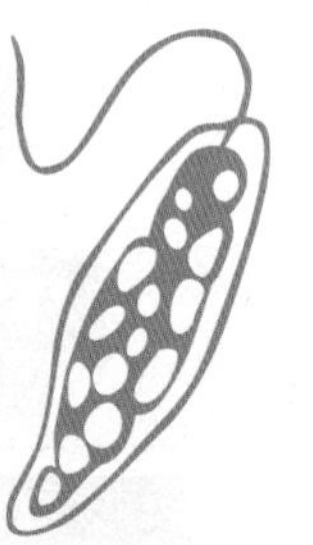

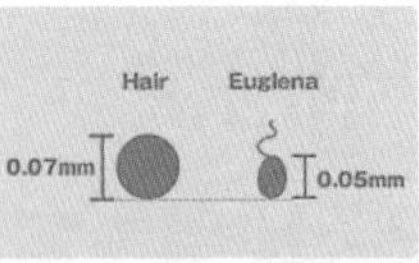

—ミドリムシの研究をしようと思われたきっかけを教えてください。

私の父は獣医師の免許を持ちながら、製薬会社に研究員として勤務していました。その影響もあってか子どものころから理科が大好きで、そしていつしか「人の役に立つための研究がしたい」と思うようになりました。

大学で農学部を選んだのは、生物の力で環境問題を解決したいと考えたからです。当時から装置などを使った研究はかなり進んでいましたが、生物を使ったアプローチはまだまだ研究の余地がありました。そのため、自分のアイデアで世の中を変えることができるのではないかと考えたのです。また、生物のなかでもミドリムシを選んだのは、ミドリムシには他の微生物にはない数多くの素晴らしい性質があることが分かったからです。

—株式会社ユーグレナの代表取締役社長である出雲氏とはどのように出会ったのですか？

出雲とは、大学のときに出会い、すぐにお互い尊敬し合える仲になりました。

出雲が18歳のときにバングラディッシュを訪れた際に抱いた「生まれた国や地域などにより、子どもたちがハンディを背負ってしまうような社会をどうしても改善したい」という夢を聞くうちに、私が人の役に立つ何か新しい物を生み出せば、それが出雲の考える食料問題の解決にもつながるのではないか—。そんな思いから、私は出雲と一緒に歩んでいくことを決意したのです。

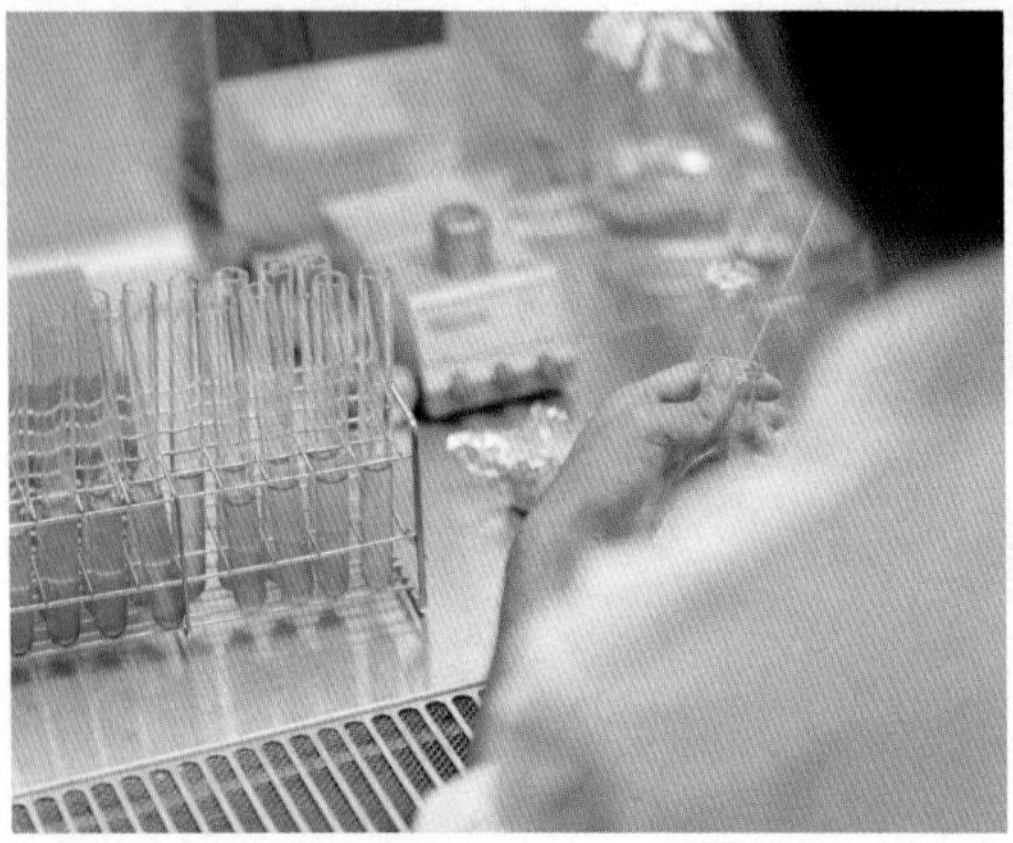

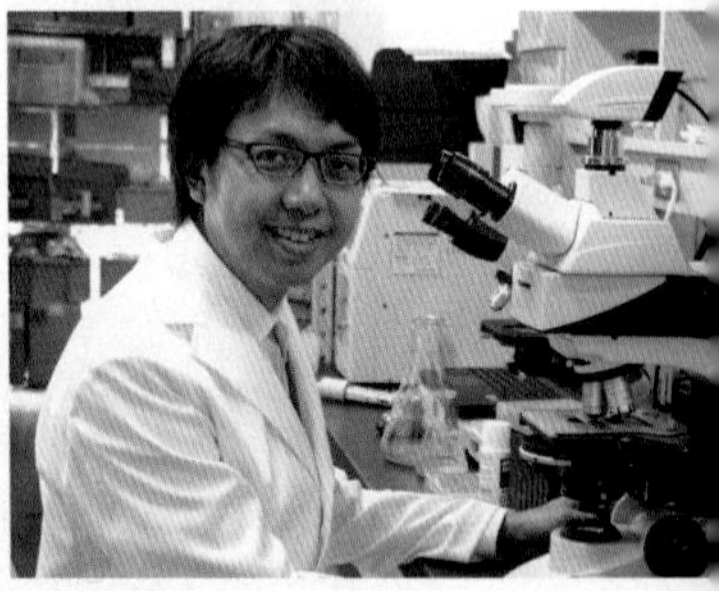

株式会社ユーグレナ
取締役 研究開発部長
鈴木 健吾さん

—ミドリムシの研究が今、なぜ注目されているのでしょうか？

少し前までは、ミドリムシからバイオ燃料が作れる話をしても、「ほかにも燃料はあるのに…」と、その必要性を理解してもらえませんでした。しかし、最近のエネルギー事情の変化から、同じ話をしても「研究を早急に進めてほしい」と要望されるようになりました。特に屋外で大量培養できるようになってからは、その期待は高まるばかりです。

そんな世の中の流れもあり、今では研究や事業活動を後押ししてくださる方々が増えてきました。バイオ燃料開発の事業化や環境浄化技術に関する共同研究などを行っていくパートナー企業、食品流通などにおけるパートナーシップ企業なども続々と誕生し、国家プロジェクトも任されるようになったのがその証です。

—大量培養の成功には、かなり苦労されたとお聞きしましたが…。

大学で研究を始めたころは、研究室内で1か月かけてもミドリムシの粉末は耳かき

鈴木さんとミドリムシ研究の歩み

1979年
神奈川県に生まれる

1980年
少年時代を兵庫県で過ごす
理科や算数の勉強が得意な子どもだった

1998年
出雲社長（株式会社ユーグレナ 社長）バングラディッシュを訪れる

1999年
東京大学教養学部理科一類に入学
出雲社長と出会う

2001年
東京大学農学部に進学

2002年
大学でミドリムシが大きな可能性を秘めていることを知る
出雲社長にミドリムシを紹介
ミドリムシで環境問題を解決させる研究を始める

2005年8月
株式会社ユーグレナ設立
「世の中のために」という一心でミドリムシの大量培養に向けて研究を続ける

2005年12月
世界初！ミドリムシの食用屋外大量培養に成功

2007年8月
本店・研究所を東京大学アントレプレナープラザに構える

2009年
日本未来科学館とのコラボ商品「ミドリムシクッキー」を発売

2010年
JX日鉱日石エネルギー、日立製作所とミドリムシから油を抽出してバイオジェット燃料を作り出す共同研究開始

2012年2月
「ジャパンベンチャーアワード」で「経済産業大臣賞」を受賞

2012年4月
「ユーグレナ・ファームの緑汁」発売
「ユーグレナ・ファーム号」活動開始

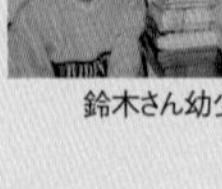
鈴木さん幼少期

ユーグレナ設立当時の様子

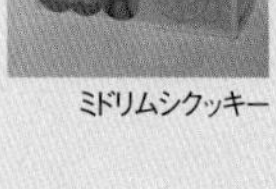
ミドリムシクッキー

バイオ燃料
※イメージ

ユーグレナ・ファームの緑汁

スプレー乾燥機

遠心分離機

1杯分くらいしか生産できませんでした。

その後、生産量を増やすために屋外のプールで培養を試みましたが、他の微生物がいつの間にかプールに入り込み、ミドリムシを食べてしまうというアクシデントが続出。その度に原因を探り、実験を繰り返しましたが微生物の侵入を防ぐことができなかったため、発想の転換をすることにしました。つまり、他の微生物の侵入を防ぐのではなく、ミドリムシだけが生きられる環境を整えるという発想です。これは、以前行った野外のフィールドワークで、ミドリムシだけが育つ池を見つけていたことがヒントとなりました。

このような思考錯誤の結果、２００５年12月に世界初のミドリムシの食用屋外大量培養に成功。その後、設備投資を増やしながら研究を行った結果、２０１１年には年間で最大60トンものミドリムシの粉末が生産できるようになりました。ちなみに、粉末1グラムには約10億匹のミドリムシが含まれています。

――度重なる失敗にもくじけなかった理由を教えてください。

「人の役に立つ研究がしたい」という強い思いがあったからです。

それに、屋外でのミドリムシの培養が、理論的に不可能ではないことが自然界で実証されていたことも大きな支えになりました。また、過去にいろいろな大学の先生方がミドリムシについて研究されていて、様々な知識やノウハウを得ることができたことや、ときには相談にも応じてもらえたのも心強かったです。あとは、私がどれだけ効率良くアプローチできるのかだけ。失敗も成功への第一歩と考えれば、精神的な辛さはなかったです。さすがに肉体的にはきついときはありましたが…。

――ミドリムシで解決したい一番の問題は？

食料・健康問題、環境問題、どれも解決したいですが、あえて選ぶなら一番はエネルギー問題です。というのも、燃料を作ることが一番難しいので、それがクリアできれば他の技術にも応用ができると考えているからです。

ミドリムシジェット燃料については、２０１８年までに技術を確立し、２０２０年には実用化できればと考えています。ちょうど２０２０年には東京オリンピックが開催されるので、ミドリムシから作ったジェット燃料で飛ぶ飛行機で世界各国からの選手をお迎えできれば―。夢は膨らむばかりです。

――麻布茶房・ユーグレナファーム号以外にも他社とのコラボレーション（以下　コラボ）はありますか？

麻布茶房のように全国展開されている飲食店とのコラボは、今回が初めての試みです。

東京近郊では、ユーグレナファーム号をはじめ、東大生が良く行くラーメン屋さんとのコラボや都内のナチュラルローソンで販売中の『ユーグレナきなこねじり』など、徐々に増えています。

――子どもたちに向けてのメッセージをお願いします。

子どものころはミドリムシの研究をするとはまったく考えていませんでしたが、自然や生物が好きだったので、いろいろなものを読んだり、野外で観察したりしていました。大学で研究をしはじめたとき、当時の知識や経験が案外役に立つものだと思いました。

ぜひ、みささんにも「小学生時代に学んでいる勉強や学問が将来の自分の役に立つかもしれない」と意識し、勉強してほしいと思います。何気なく授業を聞いたり、勉強したりするよりも、ずっと楽しく学習できるはずです。

――鈴木さんにとってミドリムシとは？

「未来を開くカギ」です。

ユーグレナ・ファーム号

東京の目黒区にある自由が丘商店街とコラボレーションして生まれたユーグレナ・ファーム号。世界初、ミドリムシの屋外大量培養が行われた沖縄県石垣島で精製された油を使って走っています。美味しくて健康に良いミドリムシ入りの食べ物や飲み物を移動販売しています。

営業日／毎週土曜日
※一部、営業しない日もございます。
営業時間／11時～17時
営業場所／東京都目黒区自由が丘
1－8－9　岡田ビル前
自由が丘・九品仏川沿道
（グリーンストリート）沿い
自由が丘駅南口から徒歩1分
※荒天時は営業を取りやめる場合があります。

2012年7月
ミドリムシ入りメニュー　全国展開する飲食店にて定番化
麻布茶房グループ全店舗にてミドリムシ入りの寒天などが発売開始

2013年9月
屋外大量培養開始から8年　ミドリムシの培養12京3000兆匹達成！

未来

2018年
ミドリムシジェット燃料が完成！

2020年
ミドリムシで空を飛ぶ
ミドリムシから抽出されたジェット燃料で飛行機を飛ばす
成功すれば、2020年の東京オリンピックの際、各国の選手が乗る飛行機にミドリムシから抽出したジェット燃料が使われる!?

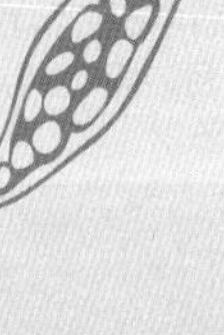

早稲田アカデミー主催

教育・進学講演会

世界にはばたけ！未来のリーダー！

開成中学校校長　柳沢　幸雄　先生

9月6日、東京・よみうりホールで早稲田アカデミー主催「教育・進学講演会」が開催され、「世界にはばたけ！　未来のリーダー！」と題して、開成中学校校長の柳沢幸雄先生がお話しされました。参加されたご父母約700人の聴衆がみな感動した、柳沢先生のご講演要旨です。

「ほめること」と「けなすこと」

私（柳沢校長先生）は教育のゴールを、「人生を肯定的に回想できる」ようになることだと考えています。仕事での充実感や社会への貢献度、楽しく過ごせた時間などを回想して、人生を肯定的に考えられるかどうか、それに尽きると思います。そしてその土台は中高時代につくられるものなのです。

アメリカの学生は自信満々に発言します。なぜあんなに自信が持てるのか。そこには「ほめられる」ことの積み重ねが影響していると思います。

アメリカでは幼少期から「ほめる」教育です。ほめられれば子どもは自信がつきます。日本ではどうでしょう。「けなす」ことが多いのではないでしょうか。

お父様やお母様は「ほめるところが見つからない」と、よく言われます。そこでおすすめしたいのが「垂直比較」です。私の造語ですけれども、子どもは背が垂直に伸びるように、必ず伸びているところがあります。ある期間を見て伸びているところをほめてあげてください。ほかの子どもと比較（水平比較）するのではなく、その子

どもが成長している点を見つけるのです。親にはそれを見抜く力が求められます。

ハイハイができたり、初めて1歩を踏み出せた時、お父様もお母様も満面の笑顔でほめていたはずです。子どもは転べば痛い、うまく歩ければほめられる。失敗をすればより工夫をするようになる。ほめられればより積極的に、より活動的になります。親はほめることで望ましい価値観を子どもに伝えていく必要があるのです。

アメリカの学生は自信満々

アメリカの学生は自信満々で発言しますが、論点を理解し考えていなければ発言できません。また、発言することで自分の誤りを知ることもできます。

日本では、教室で大人しくしていることが評価されることもありますが、これでは失敗から学ぶことはできません。何も言わなくても分かる、というのは日本の文化のなかでは通用するかもしれません。これから鎖国をして、同じ文化を共有する仲間うちだけで生きていく、というのならいいのですが、そうはいかないでしょう。異なっ

柳沢幸雄（やなぎさわ　ゆきお）**先生**

1947年生まれ。開成中学校・高等学校卒業。東京大学大学院工学系研究科博士課程修了。米・ハーバード大学公衆衛生大学院准教授・併任教授、東京大学大学院新領域創成科学研究科教授を歴任後、2011年4月、開成中学校校長に赴任、現在にいたる。

た文化的背景を持つ者同士が意思を疎通させ、共生していくためには「論理的表現」が必要です。論理的表現こそが「人類共通語」なのです。

生気がない東大生もいる

東大教養学部には、生気がなく打っても響かない学生もいると私は感じています。

　東大生は大きく3つのグループに分けられると思います。まずは、「燃え尽きたグループ」。大学受験に最も適した勉強の仕方だけを教えてもらいながら育ってしまうと、大学に入ったとたん、自分に合った勉強方法が分からず途方に暮れてしまいます。大学に入ること自体が目的でしたから、目的が達成され燃え尽きてしまっているのです。

首都圏の進学校を出た学生に多いのが「冷めているグループ」です。開成で言えば200人弱が東大に入ります。駒場キャンパスには知った顔がたくさんいます。自宅から通い同じ友だちと過ごし、高校時代と変わらない生活です。受験が終わりがんばって勉強する必要もない。勉強の仕方は非常によく知っているから授業は簡単です。燃えることもなく、冷めたままの学生生活を送ります。

　打っても響かないのは、この1と2のグループの学生です。

　さて、最後が「燃えているグループ」、彼らは地方の学校から単身東大にやってきて1人暮らしを始め、新たな友人関係をつくり、大学のなかで自分の居場所を開拓していかなければなりません。そして自分1人の時間を過ごしながら大人の自覚を芽生えさせていきます。仲間うちだけで固まって生活しているのではなくて、アメリカの学生と同じように自らの生活のなかで挑戦をしていく彼らの方が、人類共通語である「論理的表現」を身につけていく可能性も高いと言えます。

開成生は世界一の到達度

　さて、開成生の話を少ししましょう。その能力は、知力だけでなく大人として生きていく力、精神的成熟度においても世界一の到達度だと断言できます。

　それは彼らがつくり出す「運動会」で見て取ることができます。彼らはそれを1年がかりで準備します。さまざまな係があり、一人ひとりに役目があり、リーダーシップが学べ、またリードされる経験も積めます。集団のなかで仕事をする経験、そしてみんなで分かちあう達成感も味わえます。

　与えられたものには否定的になりがちな中高時代、親や先生、ある時は自分の命さえもないがしろにしたくなるものなのです。

　しかし、自ら選んだものには強い共感を持ちます。友だちや先輩です。その生き方、将来像にまで共感し、職業選択のモデルにもします。運動会だけでなく、部活動などでも開成にはそのロールモデルがいくらでもいます。

反抗は不安の表れ

　まとめとして、子どもに対する親の接し方についてお話しします。中高時代というのは「反抗期」に重なりますが、それは自立へのステップです。ですから反抗期は必要なものなのです。

　その時期、親に必要なものは忍耐です。私は「2対1の原則」といっていますが、子どもに2倍しゃべらせろ、ということです。子どもの話を引き出すのです。反抗は、自立への欲求と親離れへの不安感との葛藤の表れですから、そこで「ほめる」ことです。ほめながら親の価値観を伝えるのです。

　再度申しあげますが、鎖国をしない限り文化的背景の違う人々と共生していく時代になります。子どもたちはそんな世界を生きていかなければなりません。自立し、たくましい大人になっていくように子どもたちを育てましょう。

　今、過渡期にいる子どもたちは徐々に親のもとを離れていきます。

　ですが、大人になった彼らから、感謝と優しさを受け取れる日は必ずやってきます。今の子どもとの関係を、ぜひ大切に楽しんでください。

開成中学校

所在地：東京都荒川区西日暮里4-2-4
ＴＥＬ：03-3822-0741
アクセス：JR山手線・京浜東北線・地下鉄千代田線・日暮里・舎人ライナー「西日暮里」徒歩２分
URL: http://www.kaiseigakuen.jp

Premium school

桐朋中学校

TOHO Junior High School

東京／国立市／男子校

豊かな心と高い知性を持つ創造的人間の育成を目指す

武蔵野のおもかげを残す、緑豊かな文教地区として名高い東京都国立市。そのほぼ中央部、一橋大と隣接するように位置しているのが桐朋中学校です。小学校（共学）・中学校・高等学校が併設されています。1941年（昭和16年）の創立以来、自由闊達な校風のもと、これまで多くの俊英を輩出してきました。新校舎の建設が進み、教育環境のさらなる向上が注目を集めています。

新校舎完成予想図

TOHO Junior High School

桐朋中学校

所在地：東京都国立市中3-1-10
交　通：JR線「国立」・「谷保」徒歩15分
生徒数：男子801名
T E L：042-577-2171
U R L：http://www.toho.ed.jp/

新校舎完成予想図

入試情報（2014年度）

募集人員	男子約190名
出願期間	1月20日（月）～1月23日（木） 9:00～15:00
試 験 日	2月1日（土）
合格発表	2月2日（日）
入学手続	①入学手続時納入金の振込 2月3日（月）9:00～14:00 ②入学承認書・入学関係書類の受領 2月3日（月）9:00～16:00

国語・算数（各50分・100点）、社会・理科（各30分・60点）

恵まれた環境のもと全人教育を目指す

1941年（昭和16年）の開校以来、培われた伝統のもとに独自の教育活動を展開する桐朋中学校・高等学校は、西東京を代表する男子進学校として広く知られています。

自由闊達《かったつ》で自主性を重んじる校風のもと、生徒の個性を尊重した骨太な教育を実践することで、豊かな心と高い知性を持つ創造的人間の育成を目標としています。教育目標には「自主的態度を養う」「他人を敬愛する」「勤労を愛好する」の3つを掲げています。

その結果として、東京大、一橋大、東工大、早稲田大、慶應義塾大などの難関国公私立大学に数多くの合格者を輩出しています。

また、医学部・薬学部を志望する生徒が多いことも特徴で、例年輝かしい進学実績を残しています。

しかしながら、大学入試だけを目指す進学校ではありません。それは、各科目で中学校・高校の授業とは思えないほどアカデミックな内容で授業が展開されていることに表れています。

質の高い授業を追求することを通じて、自ら考え、判断し、行動することができる人間を育てています。

こうした桐朋教育の姿勢は、質問や相談で職員室を訪れる生徒が多く見られることにも表れています。学問を、受け身ではなく自ら進んで究めようとすることを大切にしている学校文化を象徴する光景となっているのです。

さらに、桐朋の魅力として、多様な個性が存在することがあげられます。小学校・中学校・高等学校のそれぞれの段階において、児童・生徒募集を行っているため、個性あるたくさんの友人に出会うことができ、それが大きな教育効果につながっています。

中1では、桐朋小学校・桐朋学園小学校からの内部進学者と一緒に中学校生活が開始されます。そして高1では、高校からの入学生約50名が加わります。

新入生は中学校・高校ともに、入学して1カ月もしないうちに新しい環境にとけこんでいます。様々な個性を尊重する桐朋では、生徒一人ひとりが伸びのびと自分らしく学校生活を楽しむことができます。

自由な精神で先進的な人間を育成

桐朋の代名詞ともいえるのが「自由闊達」です。

校則で生徒を束縛することは一切なく、学校生活の全てが、各人の自覚と判断にゆだねられています。生徒たちは、「自由だからこそ、自身で判断することが求められている」ということを自覚しています。

例えば、中学校は制服着用ですが、高校では制服の着用は義務づけられておらず、生徒が各自、自分の好きな服装で登校してきます。しかし、奇抜な格好をする生徒はいません。自分に合った服装をきちんと選ぶことができているのです。

クラブ活動や生徒会活動、行事など、学校生活の様々な場面でこうした自由闊達な校風を感じることができます。

クラブ活動はきわめて盛んで、生徒が主体となって運営されています。ほとんどのクラブにおいて、中高生が一緒に活動するので、高校生が中学生を丁寧に指導している姿を随所で見ることができます。中学生の頃から、クラブ活動をとおして高校生の先輩と交流できるという意義は大きいものです。その先輩たちが、大学受験で結果を出している姿を近くで見ることにより、自然と「自分もがんばろう」と決意できます。

学校行事も、企画・立案から実施まで、基本的に生徒主導で行われています。

その一例が、高校2年次に実施される修学旅行です。クラスごとに、生徒によって構成された委員会がつくられ、修学旅行の内容を決めていきます。

旅行先でどこを訪れ、どんな体験をするのかなど、細部まで協議がなされます。さらには、旅行先への経路や交通手段もグループごとに決めていきます。

全校をあげて取り組む6月の桐朋祭（文化祭）も、修学旅行と同様に生徒の手によって自主的に企画・運営が行われる行事で、毎年おおいに盛り上がります。

このように、桐朋では「行事は生徒が創る」ということが基本なのです。先生方は生徒を見守る姿勢に徹し、必要があればアドバイスや相談に応じます。こうした校風が、かけがえのない思い出をつくると同時に、生徒の自立心も育んでいます。

新校舎建築で新たな歴史がスタート

現在、学校創立75周年を迎える2016年を目指し、高校3年生棟と体育館を除く全校舎の新築を行うという大プロジェクトが進行しています。

すでに、2012年度に着工した、各教科の特別教室や準備室などがあり、桐朋の教科教育の学問的な部分を担う建物である教科教室棟は、2013年の6月から利用が開始されています。

仮校舎を設置せずに新しく校舎を建てることができているのは、7万6000㎡という広大なキャンパスを有している桐朋だからできたことです。

しかも、従来からキャンパス内にある「みや林」とよばれる雑木林はそのまま残され、緑に恵まれた豊かな環境に変わりはありません。

新校舎建設にあたり、なによりも重視されたことは、桐朋が目指す「本質的な学問を探究する姿勢を養う教育」が可能な校舎かどうかという点でした。

施設や設備については、先生方により徹底的に論議と検討が重ねられ、授業の充実とさらなる発展が可能な建築というコンセプトが凝集された新校舎となっています。

理科の階段教室や、実験で発生した気体を吸引するフードとドラフトチャンバーを備えた実験室、社会科教室、芸術特別教室など、かねてから桐朋では専門性の高い授業に応える設備がありました。新校舎でもこうした部分は継承しつつ、さらに発展できる校舎がつくられています。

例えば、これまでも本格的なプラネタリウムを保有していましたが、新校舎にも新たに、最新式のデジタル化されたプラネタリウムを設置しました。さらには、太陽観測のための屋上施設も完成し、

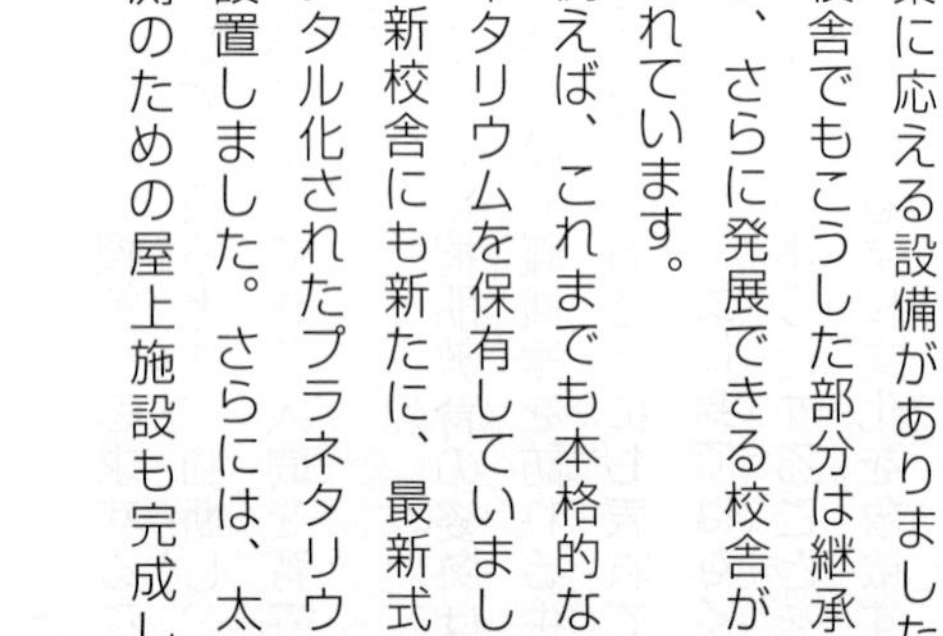

入学式

スポーツ大会

文化祭

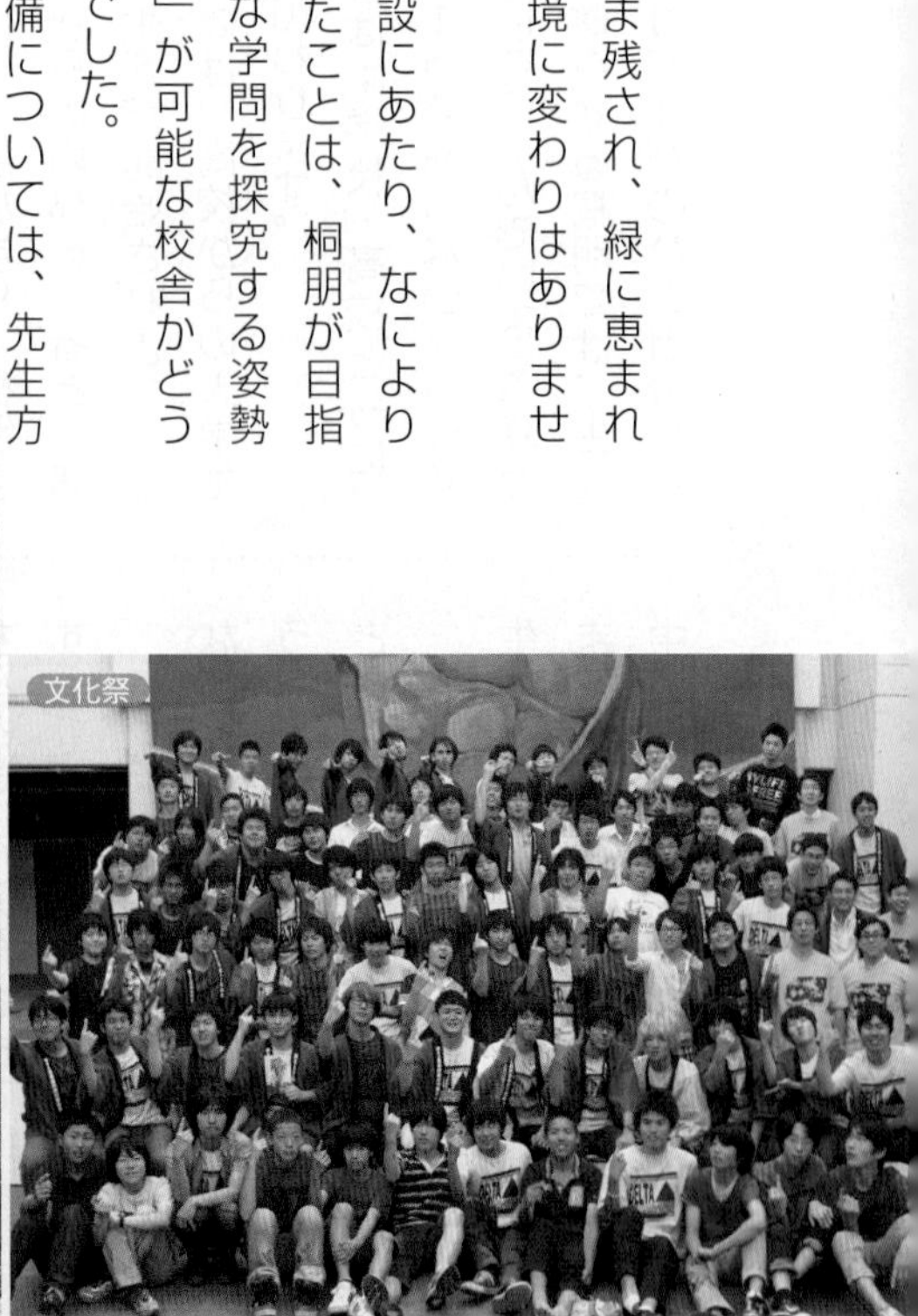
文化祭

以前より充実した設備が整いました。

　また、生徒にとって快適な生活空間となるようにしていくことも、新校舎の目的のひとつです。様々な設備を機能的で使いやすいものにする工夫が随所に施されると同時に、教科教室棟1階の入り口付近には展示スペースが設けられ、各分野で話題となっているものを展示するなど、生徒の知的好奇心を刺激する場も新たに生まれます。

　こうした新校舎の完成によって、また新しい桐朋教育の1ページが紡がれていきます。

基礎・基本を足がかりに考える力を問う入試問題

　桐朋中の入学試験は、教科書に沿った範囲内において、基礎・基本となることがから考える力を見る応用までを出題しています。

　いたずらに難しい問題や特別な知識・対策が必要な難問・奇問は避けられています。また、パターンを覚えれば解けるという問題だけでもありません。

　「小学校の授業で学んだことがしっかりと身についているか」「それを足がかりに自分の頭と言葉で考えることができるか」という発想のもとにつくられています。

　例えば国語では、記述型の問題が多いことが特徴で、必ずしも問題文から抜き出すだけではなく、内容をふまえて自分の言葉でまとめることも要求されます。算数では、考え方や途中の図や式を書かせる問題や難しくはなくともきちんとした読解が必要な問題もあります。

　普段から基礎・基本をおろそかにせず、よく読み、よく書き、よく考える学習が大切です。

各界で活躍する多士済々の卒業生

　生徒が互いに助けあい、励ましあって切磋琢磨していくことは、桐朋のよき伝統となっています。その絆は在学中だけのものではなく、卒業後も大切にされています。

　桐朋を卒業したOBは口をそろえて「どんな場所に行っても桐朋の卒業生がいる」と言います。

　それは、自主性を尊び、個性豊かに育った桐朋の卒業生たちが、各界の第一線で実力を発揮し続けていることの表れであり、真の自由の精神を体得し、リーダーとしての実力を有した人材に育っていることを意味しています。

　在学中の生徒たちのために、卒業後ちょうど10年を経過した先輩たちが学校を訪れ、後輩たちに、いま自分がしている仕事内容について語ったり、進路のアドバイスをする、「在校生卒業生懇談会」も毎年実施されています。

　生徒にとって、広い視野を持って将来を考えるきっかけともなり、具体的な進路を決めるまでの過程において大きなプラスとなっています。

　桐朋は、勉強だけではなく、クラブ活動や行事など、やりたいことがとことんできる学校です。それだけの教育環境と友人、そして教員の指導力がそろっています。

　磨かれた知性に基づく気品の高さを身につけた若者たちが、自由闊達な校風のもと21世紀を支える有為な人材を形成しつづける桐朋に、熱い視線が注がれています。

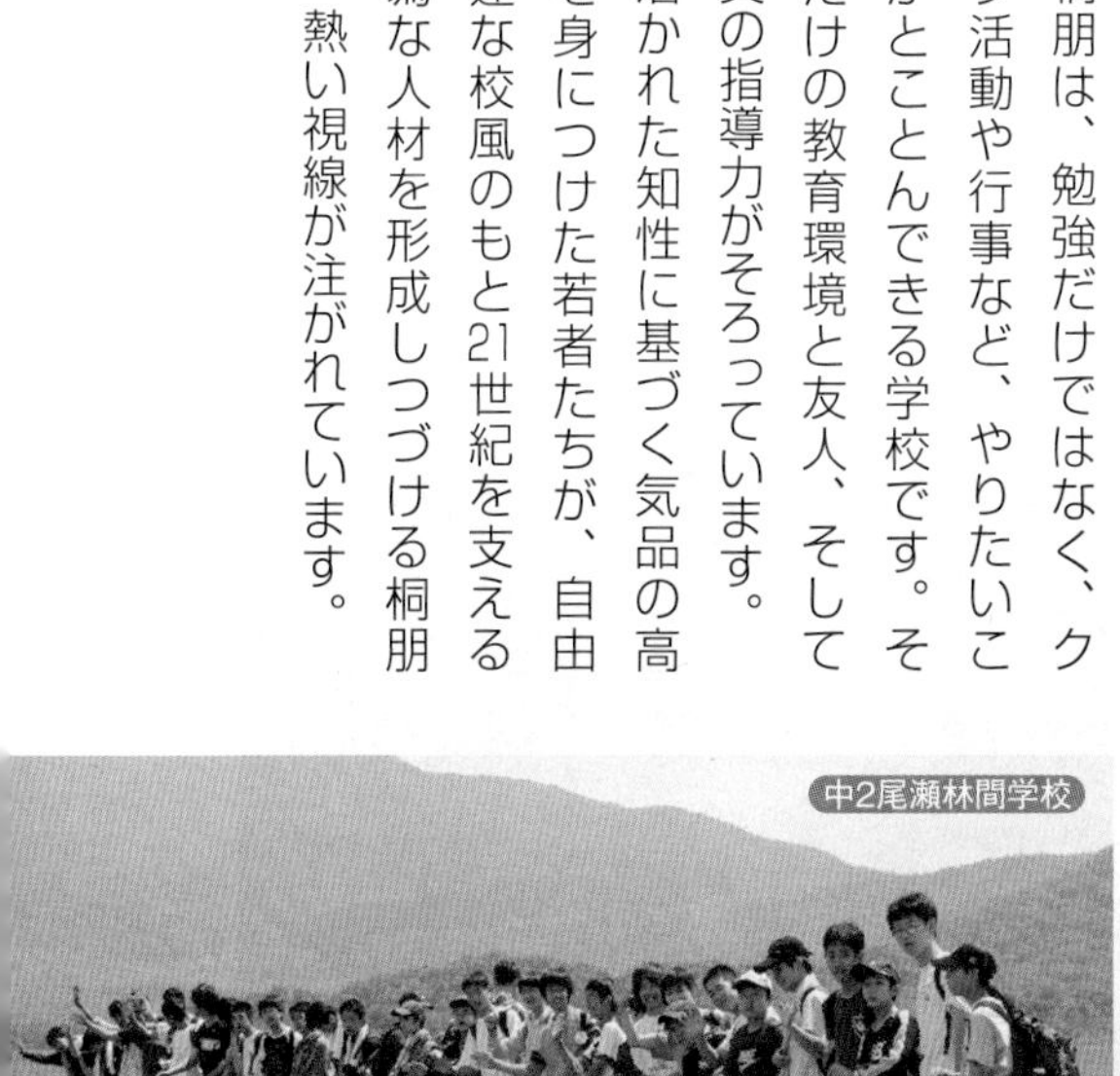
中2尾瀬林間学校

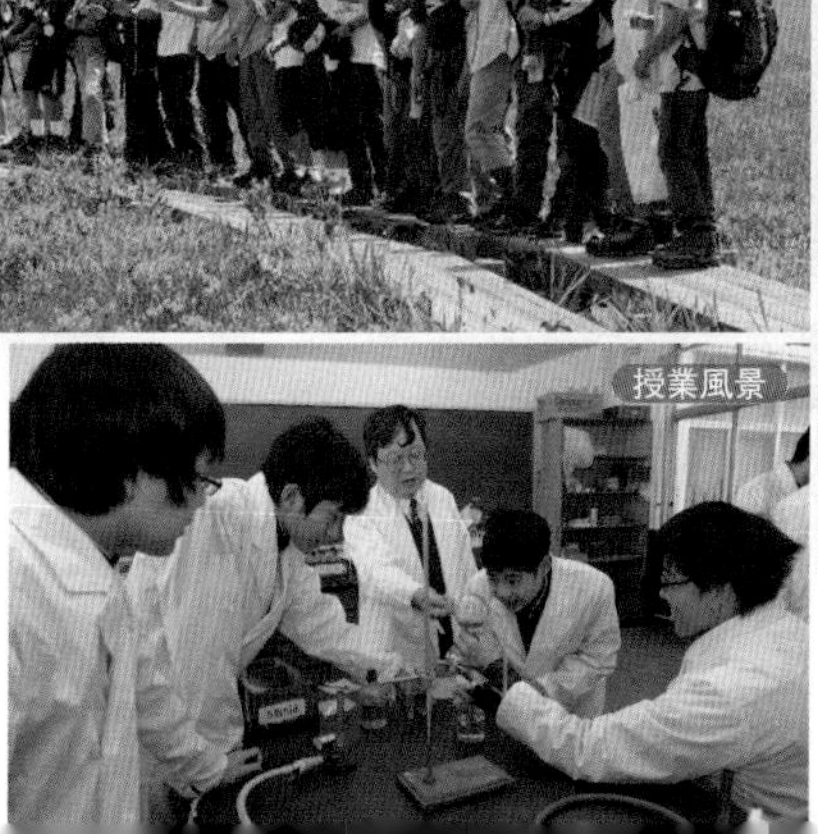
授業風景

中学運動会

高校卒業式

教育実習生との懇談

桐朋中学校

TOHO Junior High School

全ての面で本物志向 学問の香りがする桐朋教育

学園都市の象徴ともいえる国立市の「大学通り」が、桐朋中学校の生徒たちの通学路です。閑静な住宅地の一角に、７万６０００㎡という広大な学園敷地が広がり、キャンパス内には、「みや林」と呼ばれる学校林がある緑豊かな学園です。西東京を代表する進学校としても名高く、東京大をはじめとする難関大へ多くの卒業生が進学しています。恵まれた教育環境のもと、開校以来、自由を根幹に自主性を育む教育を展開してきた桐朋教育について、片岡哲郎校長先生にお話を伺いました。

片岡《かたおか》 哲郎《てつろう》 校長先生

新校舎建設が進行中 アカデミックな教育が さらなる進化を遂げる

創立75周年事業として 新校舎を建築中

【Q】桐朋では、現在、新校舎を建設中ですね。

【片岡先生】これまでの校舎は、建てられてからおよそ50年が経過しています。当然、耐震補強工事などは行ってきましたが、２００５年より校舎新築プロジェクトが始まりました。桐朋創立75周年の２０１６年に、完成を目指しています。

【Q】新校舎のコンセプトについてお話しください。

【片岡先生】基本的には、桐朋でどんな教育をしたいのかを軸としています。

「こういう教育をしたい、そのためにはこうした設備が必要だ」ということを具体的に一つひとつ検討して決めていきました。学校を見ていただくことで、桐朋がどんな教育を目指しているのかをご理解いただけるような、そんなプランを練りあげました。

【Q】すでに完成している建物もありますね。

【片岡先生】はい。教科教室棟です。２０１２年の夏より第１期工事が始まり、２０１３年５月に完成、現在はすでに授業で使用しています。各教科の特別教室や準備室などが配置されています。

教科教室棟は全学年の生徒が使いますので、最終学年の高校３年生も、この夏の講習から新校舎を使うことができました。

【Q】今後はどのように工事が進行する予定ですか。

【片岡先生】これから高校のホームルーム棟と共用棟の建設があり、２０１６年まで、毎年、新しい建物が完成する予定です。それによって、キャンパス全体の雰囲気も大きく変わっていくでしょう。

アカデミックな校風と 本物志向の教育が特徴

【Q】桐朋の特徴はどんなところですか。

【片岡先生】中高６カ年一貫教育を

教科教室棟

みや林

英語教室

音楽室

地学教室

行っておりますが、中学校には併設の桐朋小学校・桐朋学園小学校から入学してくる生徒もいますし、高校からは高入生クラスが加わります。

　このように、桐朋は多様な個性を有した生徒が融合する学園であり、その多様性が特徴のひとつであると考えています。

【Q】桐朋の生徒さんは、勉強にもその他の活動にも熱心ですね。

【片岡先生】本校の生徒の多くが、高2まではクラブや学校行事、個人活動に熱心に取り組んでいます。それぞれの生徒が学校生活を満喫し、充実した6年間を過ごしています。高2の秋の修学旅行が終わると、誰が言うとなく各々の進路に向けた意識が一気に高まります。

　桐朋生は、こうした気持ちの切り替えがきちんとできていると感じます。

【Q】桐朋での学びとはどのようなものですか。

【片岡先生】全ての面で本物志向であることです。日々の授業においても、学問の香りの漂う内容が日々展開されているところが魅力です。生徒たちもそうした授業を求めています。

【Q】来年度の入試についてお話しください。

【片岡先生】基本的には例年と変わりません。型にはまった出題形式ではなく、考え方や表現の仕方などが答案に表れるような出題となるように工夫しています。この方針は一貫しています。

【Q】桐朋を目指す受験生へのメッセージをお願いします。

【片岡先生】本校では、「体験の質」を大切に考えたいと思っています。

　中等教育における「体験」が上質なものであれば、将来において必ず活きるはずだと確信しています。自分で考え、自立した生徒を育てたいと思います。

　10代という時期に、他者との関わりをとおして自分を成長させることは重要です。ですから、教育において、多様性のなかに身をおくということはとても大切なのです。

　桐朋では、一人ひとりの個性と人格を尊重し、育てていく教育を目指しています。本校の教育をご理解いただける方々のご入学をお待ちしております。

早稲田アカデミーNN開成クラス理科担当の
阿久津豊先生が解説

アクティ&おかぽんが鉄道博物館に行ってきました!

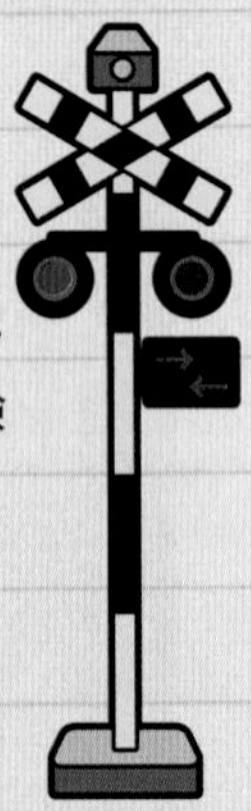

鉄道博物館は
どんなところ?

JR東日本創立20周年記念事業のメインプロジェクトとして建てられた鉄道博物館。鉄道の原理・仕組みと、最新（将来構想を含む）の鉄道技術について、子どもたちが模型やシミュレータ、体験展示などで楽しみながら学ぶことができる「体験学習館」としての性格も持ち合わせています。

駅を出た時から鉄道博物館!

鉄道博物館（大成）駅から鉄道博物館までには、D51形式蒸気機関車の先頭部をはじめ、様々な車両の輪軸など、実際の車両のパーツを展示しています。鉄道博物館（大成）駅に降りた時から鉄道に関する展示物を見ることができます。

プロムナード

「D51形式蒸気機関車」先頭部

01形蒸気機関車（ドイツ）の動輪

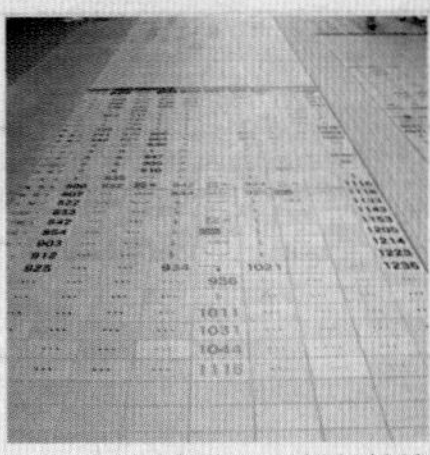

東北・上越新幹線歴代の時刻表

修学旅行用電車「なかよし号」

「Suica」でスイスイ入退館!

鉄道博物館の入退館には、鉄道博物館専用のICカード、もしくはSuicaを利用することができます。また、レストランでの食事、ミュージアムショップでの買い物もSuicaでの支払いが可能です。

鉄道博物館入口

Suicaで入館

そもそも、
「Suica」
って何?

Suicaとは、JR東日本・東京モノレール・東京臨海高速鉄道などで導入されているICカード乗車券です。Suicaの名称は「Super urban intelligent card（直訳：都会的な優れた情報処理カード）」に由来するもので、「スイスイ行けるICカード」の意味もあります。

楽しく学べる人気体験ゾーン

鉄道博物館内にあるシミュレータやジオラマで、鉄道について楽しく学ぶことができます。どの体験型展示物も実物に近く、運転士になった気分が味わえます。

体験ゾーン

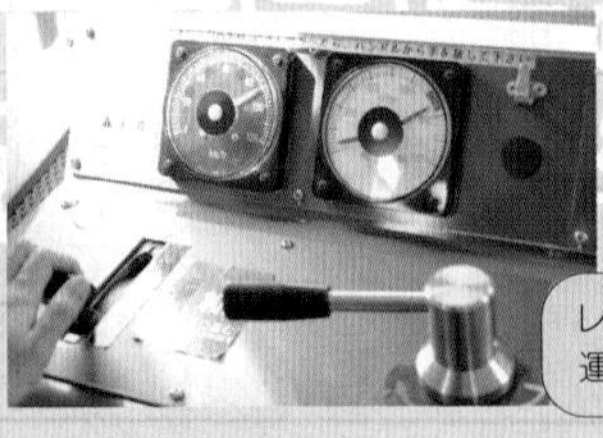

レバーを動かして
運転するんだよ!

ミニ運転列車

芝生と木々を配したコースの中、自分で列車を運転することができるミニ運転列車。ミニ運転列車には運転指令室が設置されており、モニターを見ながら運行システムを分かりやすく理解することができます。そのため、誰でも楽しく運転することができます。

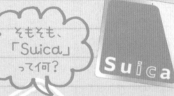

教えて！鉄道博物館

1 レールのつなぎ目にあるすきまは何？

鉄でできたレールは、気温差で伸び縮みします。暑い夏などはレールがのびて曲がってしまうことがあります。つなぎ目にすきまをあけておくのは、それを防ぐためです。列車の「ガタン、ゴトン」という音はこのつなぎ目を通過するときの音です。

2 なぜ、線路の下には石があるの？

重たい列車が通るときのショックや騒音をやわらげ、レールが動くのを防ぐ働きをしています。また、乗り心地を良くする効果もあります。それでも、時間がたつとくずれてしまうので、定期的な点検を行い、直しています。

3 鉄道から出る二酸化炭素量はどのくらい？

二酸化炭素の排出量をおさえるためには、エネルギー消費量を少なくしなければなりません。鉄道は、自動車や、飛行機などに比べて二酸化炭素を出す量が少ないエコな乗り物です。

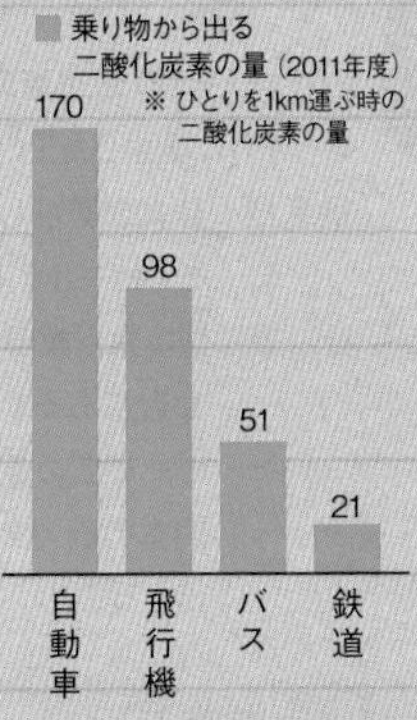

出展：「国土交通省HP」

鉄道博物館には"驚き"や"発見"がたくさんあったよ！ みんなもぜひ行ってみてね！

体験ゾーン

模型鉄道ジオラマ

横幅約25m、奥行き約8mの地形模型に、鉄道模型を敷設したジオラマです。軌道総延長約1,400mのレール上を最大20編成まで車両の走行が可能です。

このジオラマは国内最大級の大きさを誇っているんだ。

体験ゾーン

写真提供／鉄道博物館

運転シミュレータ

シリンダー圧力計やブレーキ圧力計など、様々な部分が再現された本格的なシミュレータです。

写真のD51の他に、山手線や京浜東北線、高崎線や200系新幹線など、馴染みのある鉄道を擬似運転することができるんだ。

体験ゾーン

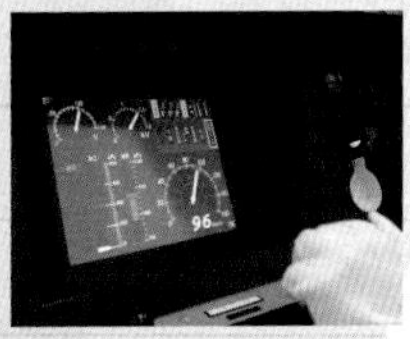

運転士体験教室

ディスプレイ付簡易運転台（25台設置）を使用する全員が一緒に、講師からのアドバイスを受けながら運転士体験を楽しめる新しい体験型シミュレータです。

INFORMATION

〒330-0852 埼玉県さいたま市大宮区大成町3丁目47番
TEL. 048(651)0088
開　館／午前10時～午後6時（入館は午後5時30分まで）
休館日／毎週火曜日・年末年始
※詳細は鉄道博物館のホームページをご参照ください。
入館料（税込）／一般1,000円、小中高生500円、幼児（3歳以上未就学児）200円
〔団体20名以上：一般800円、小中高生400円、幼児100円〕
アクセス／JR大宮駅よりニューシャトルにて「鉄道博物館（大成）駅」下車 徒歩1分
http://www.railway-museum.jp/

クイズ

計器モニターにある一番大きなメーターは何のメーターでしょうか？

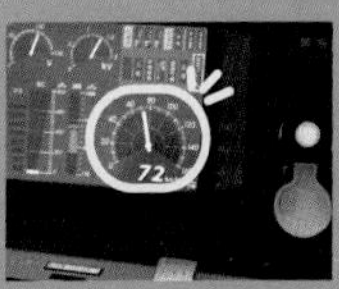

1.圧力計
2.速度計
3.燃料計

【正解】2.速度計

聞いてビックリ
知って納得

都道府県アンテナショップ探訪

これまでいくつの都道府県を訪れたことがありますか？各都道府県には、まだあまり知られていない名所や習慣が多く存在します。今回は、「銀座熊本館(熊本県東京事務所)」の大江田さんに熊本県の魅力をお聞きしました。

銀座熊本館
(熊本県東京事務所)
大江田 浩隆さん

日本三名城「熊本城」

五十四万石の城下町・熊本のシンボルであり、日本三名城の一つである熊本城は、別名銀杏城とも呼ばれ、1607年に加藤清正によって築城されました。美しい曲線を描く「清正流石組《せいしょうりゅういしぐみ》」と呼ばれる石垣や、自然の地形を利用した独特の築城技術が生かされています。加藤家が改易《かいえき》された後は、約240年間にわたって細川家の居城として歴史を見守りました。

武者返し(二様《によう》の石垣《いしがき》)

加藤清正の時代に造られた石垣の勾配は、裾の方はゆるやかで上の方にいくに従って急になっていきます。一方、算木積《さんきづみ》という方法は細川家時代に考案された積み方で、出隅部に長石を交互に積んでいくため、勾配がより急になっています。しかも、直線的ではなく上方には反りがついているため、敵が侵入しづらくなっています。また、熊本城の石垣は、自然石のままではなく石を同じくらいの大きさに割り、接合面を粗く加工した「打込接《うちこみはぎ》」と呼ばれる方法で積まれています。

右：清正時代のゆるやかな石垣角／左：細川家時代の急勾配の石垣角(算木積)

©2010 熊本県くまモン　協力：銀座熊本館

くまモン

2011年3月の九州新幹線全線開業をきっかけに誕生した「くまモン」

得意技●熊本の美味しいものや大自然をアピールすること。

仕　事●熊本県営業部長
身近にあるサプライズ&ハッピーを広めることで大好きな熊本の魅力を全国のみんなに伝えること。

お土産売れ筋ランキング

1 いきなり団子

輪切りにしたサツマイモとあんこを餅などで包んで蒸した郷土菓子。素朴な美味しさが一番人気の秘訣！

2 からしレンコン

レンコンのシャキシャキとした歯触りと、からし味噌のツンとした風味がクセになる美味しさ！体が弱かった細川家初代肥後藩主、細川忠利公に滋養をつけるため考案されたと言われており、レンコンの切り口は細川家の家紋である「九曜《くよう》の紋《もん》」に似ていることから門外不出とされていました。

3 黒糖ドーナツ棒

沖縄産の黒糖がたっぷりとしみ込んだ、しっとりしたやさしい甘みのドーナツ。油で揚げてあるのにさっぱりとしていて、一度食べたら忘れられない味。

名水どころ熊本県

国が選定した清澄な水や水環境の中で、特に優れているものにおくられる名水百選。熊本県では「昭和の名水百選」「平成の名水百選」合わせて、富山県と並んで全国トップの８カ所が認定されました。阿蘇の大自然がもたらす豊富な湧き水は、「蛇口をひねればミネラルウォーター」と呼ばれるほどです。また、市民の飲み水とともに、水辺の環境を良好に保つ働きもしています。そのため、熊本市にある江津湖《えずこ》には、多くの野生生物が生息し、市民の憩いの場、自然学習の場となっています。

熊本県基本情報

面積……7404㎢
人口……1,801,528人
（推計人口／2013年7月1日現在）
県の木… クスノキ
県の花… リンドウ
県の鳥… ヒバリ

阿蘇エリア

❶ 阿蘇山

阿蘇山（中岳火口）は、熊本県阿蘇地方に位置する活火山です。大小7つの火口が存在し、これらが中央火口岳群を形成しています。また、中岳を含む5つの山を総称して阿蘇山と呼んでいます。

免《めん》の石《いし》

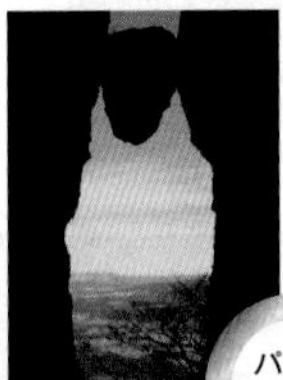

南阿蘇の外輪山中腹にある「免の石」は左右を巨大な岩石に挟まれ、宙に浮いているように見える不思議な岩です。最近はパワースポットとして南阿蘇の名所となっています。

パワースポット

温泉郷

◀温泉入湯手形

巨大な火山である阿蘇山の周辺には、多くの温泉があります。特に黒川温泉街は、お湯の匂いや色、泉質もさまざまで旅行者に人気のスポットです。黒川温泉入湯手形を利用すれば、3カ所の露天風呂に入浴することができます。

❷ 八《はっ》朔《さく》祭《まつり》・通潤橋《つうじゅんきょう》

田んぼの神に豊作を祈願する山都町の八朔祭。見どころは祭二日目に出される大造り物で、各町内が趣向を凝らして造る高さ2～3m、長さ7～8mにも及ぶ山車が会場を練り歩く姿は迫力満点です。また、日本最大級の石橋アーチ水路橋で、国の重要文化財にも指定されている通潤橋は、八朔祭の際にはライトアップされるため、普段とは違った幻想的な姿を楽しむことができます。

会場を練り歩く巨大な山車

通潤橋

❸ ハートの石橋（二《ふた》俣《また》橋《きょう》）

パワースポット

およそ1500以上の石橋があると言われている九州。その中でも、特に多くの石橋が架かっているのが熊本県です。822年に造られた二俣橋は10～2月頃の昼前、約30分間だけ、川面に落ちた橋のシルエットがハート型に見えることで有名です。また、秋にはイチョウ並木が黄金に輝き、多くの写真家たちが訪れます。

天草エリア

❹ イルカウォッチング

起伏に富んだ海底と潮流の影響で、天草にはイルカのエサとなる小魚などがたくさんいます。また、今でも網を使わない素潜り漁が行われているなど、美しい環境が保たれているため、野生のイルカが生息しています。季節を問わず、約95%の確率で船上から野生のイルカを見ることができ、船のすぐそばを泳ぐ愛らしい姿にきっと心が癒されるはずです。

熊本特産品

馬肉

食肉用の馬の名産地として知られる熊本県。その生産量は日本一で、定番の馬刺しが人気となっています。しかし、熊本県の馬肉文化は馬刺しだけではありません。最近では馬のすじ肉を使ったご当地カレーが人気となっているほか、地元のイタリア料理店ではピザのトッピングとしても提供されるなど、バラエティに富んだ様々な馬肉料理が楽しめます。

晩《はん》白《ぺい》柚《ゆ》

人の顔よりも大きい晩白柚

世界で最も重量がある柑橘類《かんきつるい》としてギネス世界記録をもつ晩白柚。普通のサイズでも直径が19～21cm、重さが1.5～2kgもあります。その大きさはもちろん、さわやかな酸味と甘さが人気の秘密です。

ふりかけ

熊本には「御飯《ごはん》の友《とも》」というふりかけがあり、これは全国ふりかけ協会が公認している日本初のふりかけです。このふりかけが作られたのは大正初期。当時の日本は食糧が不足していたため、カルシウムが不足していました。そこで、魚の骨を粉にして味をつけ、美味しくカルシウムがとれるようにしたものが、ふりかけの起源とされています。

受け継がれる伝統

畳（い草）

い草の日本における主な産地は熊本県八代地方です。国産畳の9割以上のシェアを誇り、歴史的文化財の再生にも使用される高級品です。八代地方では、1500年頃に作られ始め、以降、質の高い製品を供給し続けています。近年、外国産の安価ない草が多く輸入され、全流通量に対する国産畳のシェアは3～4割にまで落ち込みましたが、自然素材の見直しや健康志向の高まりによって、再び国産のい草に注目が集まってきています。

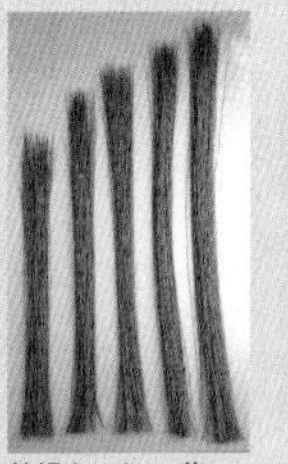

乾燥させたい草

来《く》民《たみ》渋《しぶ》うちわ

江戸時代から受け継がれる伝統工芸品「来民渋うちわ」。旅の僧が、一夜の宿として来民の町の民家に泊まった際に、そのお礼としてうちわ作りを伝授したとされています。柿渋《かきしぶ》の風合いが変化するため、使い続けることにより、風情を育てるという楽しみもあります。

2FくまもとサロンASOBI　Barでは、熊本県営業部長として全国を飛び回るくまモンに代わって、人形のくまモンが皆さんのお越しをお待ちしています！

いつでも、旬のくまもとに出会える！！

銀　座　熊　本　館

1F くまもとプラザ

〒104-0061 東京都中央区銀座 5-3-16
東京メトロ銀座線・丸ノ内線「銀座駅」B9 出口より徒歩２分
TEL：03-3572-1147　営業時間：11:00 ～ 20:00
休館日：毎週月曜日（休日の場合、次の平日）、年末年始

お仕事見聞録

「働く」とは、どういうことだろう…。さまざまな分野で活躍している先輩方が、なぜその道を選んだのか？仕事へのこだわり、やりがい、そして、その先の夢について話してもらいました。きっとその中に、君たちの未来へのヒントが隠されているはずです。

PROFILE
1980年生まれ。1998年3月高輪高等学校卒業。同年4月専修大学経営学部入学、2002年3月卒業。同年4月西川産業株式会社入社し、百貨店1部1課部にて都内百貨店営業を担当。その後、大阪支店に配属され、近畿・中国地方での営業に従事する。2011年2月に営業企画室に異動し、現在に至る。

販売企画担当者

西川産業株式会社

須藤健二朗 さん

―販売企画担当者とはどんな職業ですか？

私が所属している営業企画室では、大きく分けて6つの仕事を行っています。

ひとつ目は販売企画の立案と推進です。ふたつ目がテレビや雑誌の取材対応や新商品のリリースなどを行う広報で、3つ目が広告宣伝、4つ目が「西川チェーン」の事務局としての業務です。この「西川チェーン」とは、百貨店、寝具専門店、家具店が集まり、オリジナル商品を共同開発したり販売企画の立案・実行をしたりするボランタリーチェーンのことで、現在、350店以上が加盟しています。そして、5つ目が商品企画の立案、6つ目はアスリートの方々などとの契約・広告に携わる業務です。

このなかで私のメインの仕事は、販売企画の立案と推進です。メディア媒体を使ったプロモーションやクローズド懸賞などのキャンペーンの立案を行います。また、展示会の商品ディスプレイの方法、販促物作成などを考えるような企画から、展示会運営までを取りしきります。さらに、アスリートの方々の担当も私の重要な仕事で、契約や選手を起用した広告宣伝、選手のマットレスや枕などの測定を行っています。選手間の口コミもあり、これまでに300人以上の選手が当社を訪れ、計測などを行いました。

―この仕事を選んだきっかけは？

子どものころから野球やバレーボール、卓球、そして、大学時代にはヨット部に入部するなど、いろいろなスポーツに取り組

SCHEDULE

須藤さんのある一日のスケジュール

8:30	出勤 メールや書類チェック
9:30	販促企画打ち合わせ 資料作成
12:00	昼食
13:00	広告代理店・出版社との打ち合わせ
15:00	スポーツ選手測定
16:30	社内打ち合わせ
17:30	資料作成、書類整理
19:00	退勤

学時代に腰を痛めてしまい、ひどいときには、痛みで安眠できない程でした。

「しっかりと寝て疲れをとりたい」と思った私は、次第に寝具に関心を持つようになりました。そして、就職先を考えたとき、寝具メーカーのなかで特に興味を持った西川産業に就職したいと思ったのです。

―子ども時代や学生時代の経験で、社会人になってから役に立っていることはありますか？

スポーツを通じて、努力することの大切さを学び、何事に対してもあきらめない精神力を身につけることができました。また、父の仕事の関係で引っ越しすることが多かったのですが、スポーツをしていたからこそ、すぐに友人ができたのだと思っています。

大学時代のヨット部の仲間たちとの共同生活から得た経験によって、社会に出てから仕事をしていくうえで大切な協調性を身につけることができました。

―この仕事に就くために学生時代にできることは？

いろいろなことにチャレンジすることと、やり始めたら最後までやり遂げることです。

また、いろいろな人と出会う機会を大切にしてください。そして、互いに理解し、助け合いたいと思えるまでの関係を築いてほしいと思います。友人と苦労を共にした経験は必ず次への糧になり、そこで共に得た達成感がさらなる友情の絆を育ててくれるはずです。

―仕事でうれしかったこと、辛かったことは？

「これを使って本当に良かった」「良く眠れました」とお客さまから感謝されることです。

また、レスリング日本代表選手やトップアスリートの方々がコンディショニングマットレス『A・i R（エアー）』のポータブルタイプを手に持ち、遠征に行く映像を見たときは、本当にうれしかったです。それに、アスリートの方々がご自身のブログに睡眠の大切さと一緒に『A・i R』について書いてくださったのを見たときも、役立ててもらえていることを実感しました。最近では、アスリートの方々のブログを見て、寝具に関心を持つ若い人が増えています。これほどうれしいことはないですね。

辛かったことはあまりありませんが、悔しいと思うことは常にあります。営業時代に、与えられた予算を達成できなかったことやキャンペーンの失敗など、日々仕事をしていく中で、悔しい思いをすることはありました。その悔しさをバネにして、日々精進しています。

―常に心がけていることは？

当社の商品を使っている方に、満足していただくことです。そのためには、まず商品を知っていただくことが重要です。そこで、広告宣伝や商品の特徴を分かりやすく説明したPOP、関心を持っていただくためのディスプレイには力を入れています。

また、「この商品を使うことで、生活がより快適になる」といった想像ができる商品を開発をすることも必要です。このように、常に当社の商品をより多くの人に知っていただくことを考えて行動しています。

―子どもたちに勧めたい眠りについて教えてください。

成長ホルモンは、夜の10時から夜中の2時の間に一番多く分泌されることが分かっています。できれば、その時間にゆっくり眠ることをお勧めします。

また、睡眠不足はイライラや集中力低下の原因になります。質の高い睡眠を確保するためにも、毎日の生活リズムを整えるようにしてください。しかし、どんなに決まった時間に眠ろうとしても、寝る直前まで携帯電話やスマートフォン、パソコンなどの画面を見ていると寝付けません。寝る前は目を休めることが大切です。

眠りは脳を休めるだけではなく、学習

したことを脳に記憶させるためにも必要です。徹夜で勉強して試験を受けても思ったほど結果に結びつかないのは、眠ることによる記憶の定着がなされていないからです。そう言う意味でも、睡眠はとても重要なのです。

—安眠・快眠のためにできることと、お勧めの寝具があれば教えてください。

睡眠は、適切な寝具と「広さ」「部屋の温度や湿度」「音」「光」「色彩」「香り」「安心システム」などの環境が大切です。

寝具については、「寝床内気象(しんしょうないきしょう)」という考え方に基づいた布団選びを提案しています。この「寝床内気象」とは、敷きふとんと掛けふとんの間に人が入ったとき、その間の温度は33度±1度、湿度は50%±5%が一番快適な状態だとする考え方です。つまり、年間を通じて「寝床内気象」を一定に保つため、季節ごとにふとんを変えるということです。

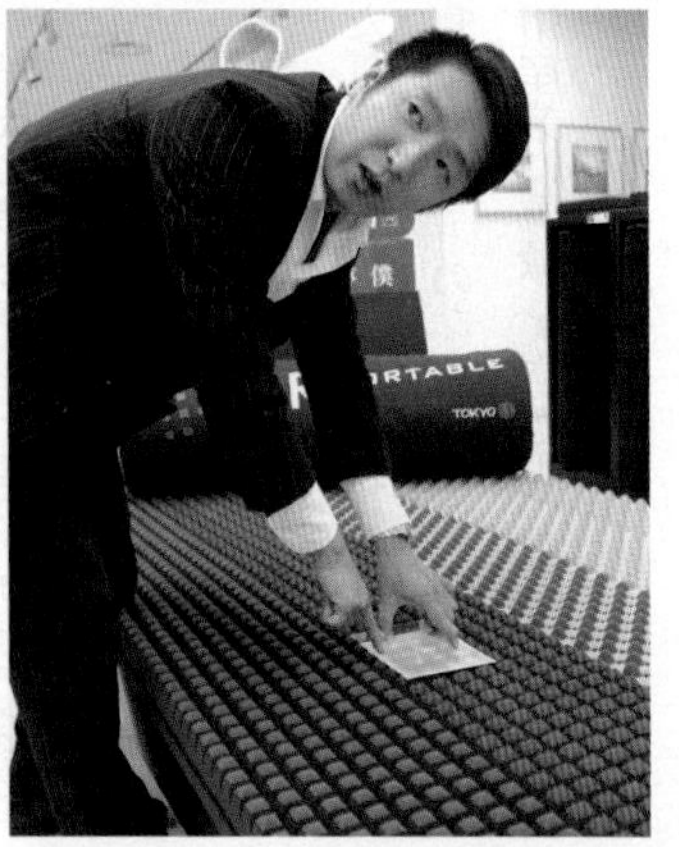

さらに、安眠・快眠のためには、敷きふとん選びも重要になります。実は、人が眠るときの理想的な姿勢は立ったままの状態です。とはいっても、立ったまま眠れる人はいないので、柔らかすぎて身体が沈みこみすぎたり、固すぎて圧迫して身体がしびれたりしないよう、適度に圧力を分散し、立っているときと同じような寝姿勢を保てる寝具が必要なのです。このような考えをもとに、当社が11年前に販売開始したのが『整圧敷きふとん』であり、2009年12月に発売され、いまやアスリートの方々など、広くご愛用いただいている『A・i R(エアー)』です。

また、快適な睡眠のためのセミナーやふとんの手入れについてなどのセミナーを、全国各地の百貨店、寝具売り場などで開催しています。睡眠に関心を持っていただくためにも、また、当社の商品を体験する機会のひとつとしても、ぜひ、セミナーにご参加いただければと思います。

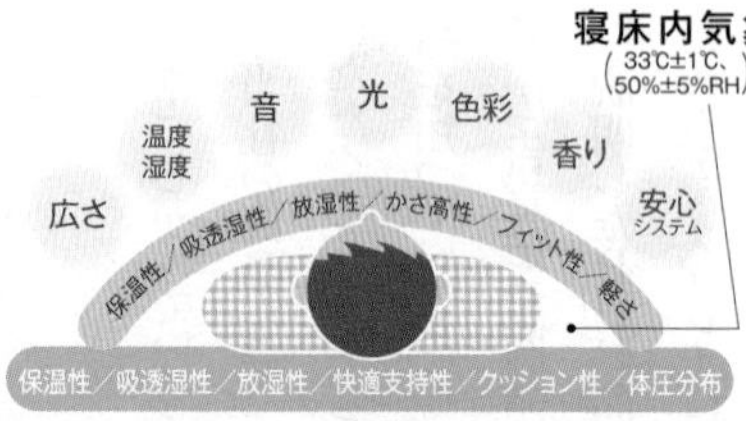

—座右の銘は?

「一期一会」です。商品をご購入いただくには、まずは「私」という人間を信用していただかなければなりません。そのため、どんな出会いも大切にしたいと考えています。

—子どもたちへ将来に向けてアドバイスを

仕事とは、誰かにやらされるものではありません。一生懸命に取り組むことで充実感を得、そして自分自身が成長するために行うものだと考えています。

まだ、仕事について考えるのは早いかもしれませんが、「自分はどうなりたいのか」といったゴール地点を考え、その目標に向かって行動する習慣を身につけてください。

—これから須藤さんが絶対に成し遂げたいことは?

当社の研究所の調査によると、「睡眠になんらか不満を持っている」と答えた方の割合は約70%でした。その中で、約90%もの方が「その不満をどう解消したら良いかがわからない」と答えました。このデータから見ても寝具のリーディングカンパニーとして、正しい寝具の情報を伝えていかなければならないと感じています。これからも、ひとりでも多くの方々に睡眠の重要性と寝具の大切さを伝えていきたいと思います。

そして、今年、創業447年を迎える当社において、先輩たちが築いてきた伝統を受け継ぎ、会社のさらなる成長に少しでも役に立てるよう、努力していきます。

—仕事とは?

『サクセス12』では、様々な分野でご活躍されている方を紹介しております。ご協力いただくことが可能な方は、下記のメールアドレスまでご連絡ください。お待ちしております。

メール
success12@g-ap.com

6年後
夢をかなえる
中学校

夢中

駒込中学校

生徒の個性を引き出し、伸ばす

駒込中学校高等学校の最大の特徴は、親近感溢れる雰囲気でしょう。たとえば、駒込学園の職員室は、生徒が教員に何でも相談できる場所となっています。オープンドアで風通しの良い校風のなかで、駒込学園では、一人ひとりの知的好奇心を引き出し、6年間の学生生活を通じて自分と向き合う姿勢を促します。また、最澄の唱えた「一隅を照らす人間の育成」という建学の精神のもとで、個性重視の教育を実践しています。

副教頭・進路指導部長
浅井 紀子先生

教科指導においても、生徒が興味を持って主体的に学習に取り組めるように、各教員が工夫を凝らしています。教員独自の教材作成や授業準備などはもちろん、演劇部の顧問である教員が舞台さながらの熱弁をふるったり、50分間飽きさせないようにするために授業内容に関連する実験や雑談を取り入れてみたりと、駒込学園の授業は生徒の心を惹きつけます。教員自身が持つ豊かな個性を存分に発揮することで、生徒もまたそれに感化され、個性を自覚し、自己が形成されていくのです。

「人」と「知」を育む生きたプログラム

課外学習プログラムが充実しているのも駒込学園の特徴です。生徒にとって最も印象深い行事は、高1の5月に行う「比叡山研修」でしょう。延暦寺の宿坊に2泊3日で泊まり込みます。食事作法から、最終日に約6時間かけて山道を登り下りする「回峰行」に至るまで、肉体的な苦行だけではなく、生活上の細かな行動にまで激しく叱責を受ける研修は、僧侶を対象とした修行と基本的に同じものです。この研修を通じて、生徒は精神的にもたくましく成長します。

また、5日間みっちり学習に没頭させる「学習合宿」もあります。この合宿は受験に焦点を合わせていますが、高校3年だけではなく、1、2年次にも行われ、受験に対する意識の向上と弱点の再認識と克服に努めるものです。この合宿の一番の目的は、学習習慣を身につけさせることです。家庭ではどうしても気が緩みがちな生徒も、友人と切磋琢磨して学ぶ体験を通じて、自ら主体的に学習に取り組めるようになります。

「イマージョン講座」数学の授業の様子

視野を世界に向けるため、「国際理解教育」にも注力し、体系的なステップアップをめざす様々なプログラムも準備しています。高校1年生の希望者を対象とした「イマージョン講座」は、20～25人の少人数クラスで、日本語を使わずに英語のみで他教科を学習する講座です。数学や理科、音楽などを英語で学びます。英語を〝習う〟だけではなく、手段とし〝使う〟生きた英語を身につけさせることを目的としています。

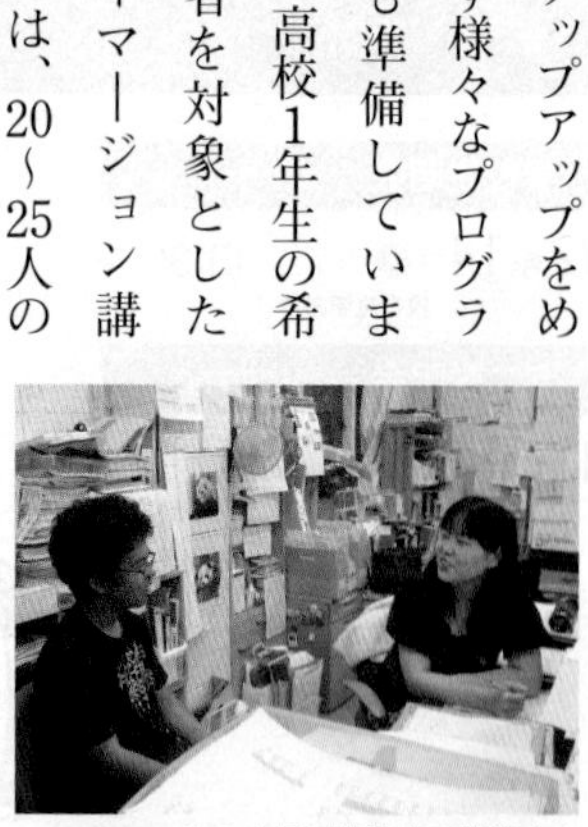

いつものように職員室で談笑する
浅井先生と金子さん

高校2年次には、英語を公用語とするシンガポールとマレーシアを訪れる修学旅行があります。単なる語学体験ではありません。都市国家としての躍動感やアジアの牧歌的な民族性など、それぞれの国特有の風土を学んでほしいという狙いがあります。

「一隅を照らす」精神に込める願い

人間形成において重要な中学高校の時期、様々な体験を通じて、己に籠らず、他者との関わりのなかで生かされている自己の存在に、生徒自身が気づくことを期待しています。気づいた自己の個性や立場を練磨することで世に尽くす—それが建学の精神「一隅を照らす」であり、生徒一人ひとりに自己実現に向けてのきっかけをつかんでほしい。駒込学園はそう願っています。

駒込中学校高等学校
OBリポート

進むべき道を照らしてくれた駒込学園での6年間

金子 征太郎さん　電気通信大学　情報理工学部　1年

駒込中学校高等学校は、他校と比べると職員室への生徒の出入りがとても激しいと思います。一般的に職員室と言えば、厳格な場所というイメージですが、駒込学園では生徒が気軽に出入りすることができます。在校生からOB・OGまで、ふらっと立ち寄っては先生と世間話をして帰る。そんなところにも、愛校心があらわれている気がします。生徒と先生に限らず、生徒同士も親密で、在校生の進路相談に応じる卒業生も少なくありません。

駒込学園を代表する行事の一つである比叡山研修は、一言で言えば“ハード”でした。

お坊さんが実際に修行をする場で生活することによって、今までにないさまざまな経験をすることができました。たとえば、食事のときお皿を普通に“コトン”と置くと「静かにしろ！音を出さないように考えろ！」と怒られます。しかし、どう置けば良いかは教えてもらえません。一種のカルチャーショックでした。普段の生活では味わえない経験をあの時期にしたからこそ、精神力や忍耐力が身についたのだと思います。「あの大変さに比べたら…」と、今では自分の中で一つの基準になっています。

中学2年生からは、生徒会に在籍していました。裏方の仕事が多い生徒会では、生徒全員をまとめるために走り回ったり、普段は見えてこないみんなの苦労が見えたり、仕事をしているという実感が得られました。高校生になってからも生徒会に所属し、2年生のときは生徒会長を務めさせていただきました。みんなの意見を聞くために「目安箱」を作ったり、ペットボトルのキャップのリサイクル運動を定着させたり、凍結状態だった生徒会費を見直したりと、私が初めて提案して今につながっているものも多数あります。とにかく必死に活動することが、とても楽しかったんです。毎年、夏休みにはほぼ毎日学校に行って、文化祭で来場者をお迎えする門を造ったことが、特に感慨深い思い出です。

文化祭の門の写真

今は電気通信大学の情報系の学部に在籍しています。取り組んでいるテーマは“人間と機械をつなぐメディアをつくる”ことです。たとえば、「キーボードより、もっと人間の五感に直結してコンピューターを使えるインターフェースが作れないか」そんな研究をし、社会に貢献していきたいと考えています。

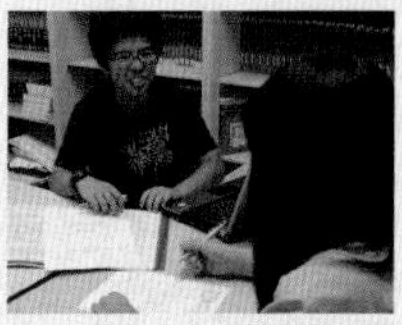
在校生から相談を受ける金子さん

駒込中学校の魅力

比叡山研修

駒込学園ならではの情操教育「比叡山研修」。「自己への気づき学習」を目的としています。OBの金子さんも貴重な体験だったと思い出を語ってくれました。

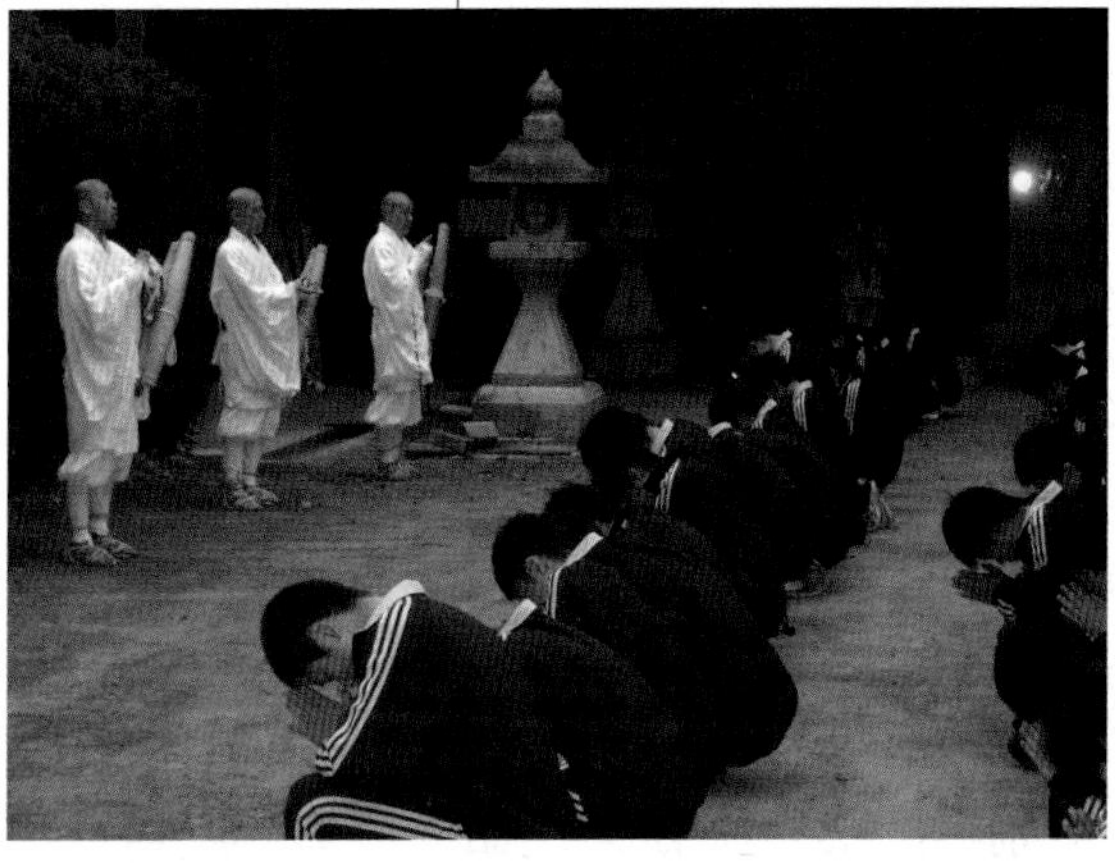

図書館

蔵書数は43,000冊。6人掛けの閲覧机に加え、個人用ブースも備えています。中学生は午後5時半まで、高校生は午後6時まで利用できます。

シンガポール・マレーシア修学旅行

高校2年生のときに行く修学旅行。マレーシアの伝統的な農村（カンポン）を訪れ、アジアの文化を学びます。

サンクンガーデン

駒込学園の陽だまりの庭。晴れた日の昼休みには自然と生徒たちが集まります。

SCHOOL DATA　〒113-0022 東京都文京区千駄木5-6-25 東京メトロ千代田線「千駄木駅」徒歩7分／東京メトロ南北線「本駒込駅」徒歩5分　TEL. 03-3828-4141

Close up!!

クローズアップ!!

和洋国府台女子中学校

WAYO KONODAI GIRLS' Junior High School

千葉県｜市川市｜女子校

質の高い実体験学習を積み重ね優しさと力強さのある女性に

建学の精神「和魂洋才」のもと、和洋国府台女子中学校は、時代に合った優しさと力強さを持ち、自立できる女性を育ててきました。そして、女性のさらなる社会進出が不可欠な現代において必要な、自らの進路を切り拓く力も養っています。

SCHOOL DATA

所在地
千葉県市川市国分4-20-1

アクセス
JR総武線「市川」・JR常磐線「松戸」・京成本線「市川真間」・北総線「北国分」スクールバスまたはバス

生徒数
女子のみ376名

TEL
047-374-0111

URL
http://www.wayokonodai.ed.jp/

太《おお》田《た》 陽《よう》太《た》郎《ろう》　校長先生

【Q】 大学合格実績の伸長に加え、理系の大学や学部への合格者が増えています。その要因はどこにあるのでしょうか。

【太田先生】 中学校では10年ほど前から理科の授業に力を入れ始めました。1分野、2分野ともにバランスよく実験・観察ができる体制を整え、形になってきたのは8年前からです。今では、中学卒業時に6割近くの生徒が「理科が好きだ」と答えています。

高校ではそこまで実験重視の学習プログラムになっていなかったのですが、昨年から高校にも実験助手がつき、安全に、数多くの実験をこなせるようになりました。普通科生徒の理系志望の割合は3割を必ず超え、今年の3年生は39％、2年生も35％です。

理科教育に力を入れ始めた時の生徒が大学受験を迎え、その成果が今春の理系大学・学部合格者数の増加（86名→127名）に表れていると思います。

よく、女子は理科が苦手と言われますけれども、けっしてそうではないと思います。女子と男子は発達段階が違い、女子には女子の学びのペースがあります。自分が理解したものをベースに、ひとつずつステップアップしていくという学び方です。その学びのペースに合うように、積みあげていく学習方法を取り入れていけば、女子だから理科が苦手、数学が嫌い、ということにはならないです。

【Q】 英語教育にも力を入れておられますね。

【太田先生】 理科と同様に、英語にも注力しています。

例をあげると、今年からですが、週1時間の英会話の授業は1クラスを3分割し、ひとりのネイティブスピーカーの先生が生徒10人を担当する形にしました。さらにそのクラス分けを習熟度別にすることで、生徒の力に合った授業を展開しています。中学段階で、英語を当たり前のものとして受け入れ、使えるようにしていきたいと思っています。

【Q】 理科・英語教育を中心に、これからの飛躍が期待される御校ですが、どのような生徒さんに来ていただきたいでしょうか。

【太田先生】 自分自身のなかにある、いろいろな可能性を発見する楽しみを味わいたいという人に来ていただきたいですね。勉強だけではなく、普段の学校生活や行事も含めて、本校には、生徒自身が今まで気付かなかった自分の可能性を発見できるチャンスがあります。

保護者の方と実際に足を運び、直接見て、実感し、選んでいただければと思います。

着実に力をつける中学の3年間

1897年（明治30年）に創設された和洋裁縫女学院を始まりとし、私立学校令により和洋裁縫女学校と改称した1901年（明治34年）を創立記念とする和洋国府台女子中学校（以下、和洋国府台女子）。

「和魂洋才」（和魂＝日本の良き伝統と資質、洋才＝外国の優れた部分を学び取り入れる）を建学の精神とし、明治の時代から、ひとりの人間として自立した女性を育ててきました。

和洋国府台女子のカリキュラムは、中学3年間においては共通履修で学んでいきます。高校には普通科とファッションテクニクス科がありますが、中学から進級する生徒はほぼ全員が普通科に進みます。さらに、普通科のなかで特進コースと進学コースに分かれます。毎年、特進コースに40人程度、進学コースに100人程度という割合です。特進コースは中学3年次に生徒から希望をとり、成績などを加味して決定します。

高校から入学してくる生徒とは、特進コースは混成、進学コースは基本的に別編成ですが、人数の関係で1クラスのみ混成になることもあります。

併設生と高入生はお互いにうまくやっていけるのだろうかという不安を抱く方もいるとは思いますが、心配はいりません。高校入学の4月に1泊2日の宿泊研修があります。一緒に寝泊まりしながら、クラスや学年の目標をグループ、クラスで話し合ってつくっていくことで、深く交流することができます。そして5月には遠足、7月には林間学校と、共に行動する機会が多く設けられているため、1学期が終わるころにはすっかり仲良くなっています。

高2からは特進、進学の両コースとも、クラスを文系・理系に分け、生徒それぞれの進路に合った学習を効率的に進めていきます。

中学では無理に先取り授業をせず、基礎基本をしっかりと定着させ、大学受験

美しい所作や細やかな感性を学ぶ

和の教育

和洋国府台女子では、中学の段階で、全員が礼法、邦楽（箏）を学びます。

礼法・茶道

書道の競書大会

箏の練習風景

授業で使われる春望亭

時に凛として 時にあたたかく

学校行事

体育祭・学園祭は中高別々に行われます。学園祭と同時に、合唱コンクールや弁論大会も催されます。各学年ごとに学習旅行があり、中1は嬬恋、中2は会津、中3は京都・奈良をそれぞれ訪れます。

林間学校（中1）

林間学校（中2）

合唱コンクール

学園祭練習風景

修学旅行（中3）

弁論大会

マラソン大会

に向けて伸びていく下地をつくっているのです。

実際に、高1までは目立たない成績だった生徒が、高2以降、スイッチが入り、大きく成長して難関大学に合格するという例もあります。中学時代に伸びのびと、しかし着実に力を蓄えていることが和洋国府台女子のよさのひとつと言えるでしょう。

実験・実習に重きを置く 理科・英語教育

近年、理科と英語に力を注いでいるのも大きな特色です。

理科では、特に中学段階で実験・実習を多く取り入れ、教科書の知識を自分自身が体験し、身につけていくことを重視しています。

「これはなんだろう」「どうなっているのだろう」という疑問を実験や実習をとおして「こういうことだったのか」「面白い！」という感覚につなげる教育を続けることで、生徒自身の思考力を養成します。

世間では「理科離れ」が問題視されていますが、和洋国府台女子では、「理科好き」が増えているのです。

英語では、常駐するネイティブスピーカーの教師を増員し、少人数制授業を増やすなど、普段の学校生活のなかで英語に触れる機会を設けています。中1から英語の授業は5時間＋英会話1時間と十分な時間を設定し、読み、書く、聞く、話すための基本づくりを行っていきます。

また、福島県のブリティッシュヒルズ語学研修や、千葉県佐倉市のセミナーハウスで実施する英語宿泊研修は、それぞれ英語漬けの数日間を過ごすことができます。

海外研修プログラムも用意されており、中3の春休みにイギリスを訪れます。毎年25～40名程度が参加しています。高校ではオーストラリアにある姉妹校で、3週間の授業体験やホームステイを行います。また、1年間の留学や3カ月間の短期留学システムもあります。

英語でも、理科と同じく実際に肌で触れて感じたうえで、覚えることができる学習プログラムを多く用意しています。

女子の発達段階に合わせた学習の進め方、理科・社会に代表される知識の詰め込みだけではない実験・実習に基づいた学習が実を結び、一般入試での大学合格実績伸長につながっています。

緑豊かな自然に囲まれた静かな環境と、広々とした施設のもとで、6年後を見据えた揺るぎない土台づくりを、勉強面でも人格形成面でも行っている和洋国府台女子中学校です。

生きた英語に触れる機会がたくさん

英国研修旅行

ブリティッシュヒルズ語学研修

佐倉での英語宿泊研修

英語学習

普段の授業から、英語に触れる機会が多く用意されています。国内外で行う語学研修プログラムも豊富です。

ネイティブ教師との授業風景

入試情報

2014年度（平成26年度）募集要項

	推薦入試	一般入試		
	12月1日	1月20日	1月22日午後	1月24日
募集人員	60名	90名	20名	40名
出願期間	11月8～26日	12月19日～1月11日		
合格発表	12月1日	1月20日（HP）、1月21日（掲示）	1月23日（HP、掲示）	1月24日（HP）、1月25日（掲示）
入学手続き	12月1～4日	2月6日		

推薦入試は基礎学力テスト（国語・算数）と親子面接、一般入試は2科（国語・算数）・4科（国語・算数・理科・社会）選択

太田校長先生からのアドバイス

「算数は基礎的な計算がしっかりとできるように、国語は長い文章を読むことに慣れておいてください。社会は歴史的な時代の流れを意識した出題があります。理科は実験のデータをしっかり読みとれるようにしてください。また、今年から2月入試を取りやめ、1月22日に午後入試を導入しました。22日の午後入試は、千葉の女子校にはあまりありませんので、ぜひ受験してみてください。」

東農大三中

男女共学
90名募集

究理探新

本物に出会い、
本当にやりたい夢に近づく
6年間。

実学教育をベースに、学力・進路選択力・人間力を育てます。

2014年度入試は、
1月10日午前「総合理科」入試(1科目)を新設。

■ 受験生・保護者対象 説明会・入試模擬体験 ＊詳しくはHPをご確認ください。またはお問い合わせください。

日　時	内　容	会　場
11月 5日(火) 10：00～	説明会(予約不要)	大宮
11月 8日(金) 10：00～	説明会(予約不要)	熊谷
11月24日(日) 9：30～	入試模擬体験・説明会(HPより要予約)	本校
12月14日(土) 9：30～	説明会(予約不要)	本校

■ 2014 年度 入試募集要項

	総合理科入試	第2回	第3回	第4回
試験日	1/10(金)午前 10:30集合	1/10(金)午後 15:00集合	1/11(土) 9:20集合	1/13(月・祝) 9:20集合
試験会場	大宮/川越	大宮/川越	本校	大宮/本校
募集定員	15名	35名	25名	15名
試験科目	総合理科	2科/4科	2科/4科	2科/4科
合格発表	1/10(金)19:00 インターネット	1/10(金)23:00 インターネット	1/11(土)21:00 インターネット	1/13(月)21:00 インターネット

東京農業大学第三高等学校附属中学校

〒355-0005 埼玉県東松山市大字松山1400-1
TEL:0493-24-4611
http://www.nodai-3-h.ed.jp

＊7駅よりスクールバス運行　東武東上線 東松山駅、JR高崎線 上尾駅・鴻巣駅・吹上駅・熊谷駅
西武新宿線 本川越駅、秩父鉄道 行田市駅

さいたま市立浦和中学校

6年一貫教育の強みを存分に発揮する様々な教育活動

今春、1期生が卒業し、素晴らしい大学合格実績を残しました。高校進学後を意識し、中高一貫校の強みを存分に活かした、高校との様々な連携教育が特色です。

創立から70年以上の伝統を持つさいたま市立浦和高等学校（以下、浦和高）を母体として、２００７年（平成19年）４月に併設型中高一貫校として誕生したさいたま市立浦和中学校（以下、浦和中）。開校と同時に、浦和高の敷地内に5階建ての校舎が完成し、学習環境にも恵まれています。

「高い知性と豊かな感性・表現力を備えた国際社会に貢献できる生徒の育成」を教育目標に掲げ、今年3月、1期生を送り出しました。その1期生は東大1名をはじめとした優れた進学実績を残しています。

鶴巻一郎校長先生は「これは内進生だけではなく、高入生も一丸となってがんばった結果ですが、内進生の目標に向かって粘り強く努力する姿勢に高入生も刺激を受ける好循環がありました」と話します。

また、「これまでは、我々教員側も、6年後はこうなってほしい、こうなるのではないかというビジョンはありましたが、それはあくまでイメージでしかありませんでした。

それが、今春1期生を送り出し、ひとつの形が見えましたので、全ての面で具体的に評価、反省をしながら、さらに教育活動を充実させていこうとしています」と、1期生が入学してからの6年間を振り返ります。

鶴巻《つるまき》 一郎《いちろう》 校長先生

「目標に向かって粘り強く努力する姿勢を養ってほしい」

中高一貫校の強みを活かす「つなぎ教育」

浦和中は1学年2クラスで、1クラス40名ずつというクラス編成です。3学期制の50分授業で、週5日制ですが、土曜日には年12回の土曜授業が設けられています。

中・高の6年間を前期課程の「基礎」（中1・中2）、中期課程の「充実」（中3・高1）、後期課程の「発展」（高2・高3）という3期に分け、そのステージごとに最適な学習を行っています。なかでも、中期課程で行われている「つなぎ教育」が特徴です。

これは、中高一貫校の強みを活かして、中学校から高校への移行をスムーズにするための試みで、年々実施科目が増えています。

「つなぎ教育」の意義について鶴巻校長先生は「中学では少人数授業やチームティーチング（ＴＴ）、双方向を意識した授業が多いですが、高校になれば講義形式が増えます。

また、中学では、学習進度が遅

School Information

さいたま市立浦和中学校

所在地：埼玉県さいたま市浦和区元町1-28-17
アクセス：JR京浜東北線「北浦和」徒歩12分
生徒数：男子120名、女子120名
ＴＥＬ：048-886-8008
ＨＰ：http://www.m-urawa.ed.jp/

れていたり、提出物がきちんと出せていない生徒にはこちらからすぐに声をかけますが、高校では生徒が自分から積極的に学んでいかないといけません。こういった面においても、つなぎ教育を行うことで準備ができます」と説明します。

内容も充実しており、現在では主要5教科に関しては、それぞれ週4時間のうち、必ず1時間は高校の先生に授業を担当してもらっています。TTの授業は、メインが高校の先生であることが多いです。

さらに、理科では生物と物理の先生が成績を出すところまで関わっていますし、地理では中1から高校の先生が授業を担当します。主要教科だけではなく、副教科の家庭科や美術でも「つなぎ教育」は行われています。

浦和中は、どんどん先取り授業を進めていく形ではないため、高校の先生方は、各教科において、より深く学んだり、補充的な部分を担っています。

「高校の先生方は中学の先生方とは授業のスタイルも違います。生徒は刺激を受け、学習意欲も強くなっていきます」（鶴巻校長先生）

今年からは、高1の夏期講習の講座に中3の希望者が参加できる試みもスタートし、「つなぎ教育」はより深まっています。

少人数制授業も魅力のひとつです。数学、英語で中1から1クラスをふたつに分ける少人数制授業を行ったり、クラスを分けられない教科はTTを実施することで、密度の濃い授業を展開することができます。

特徴的な学習プログラムとしては、「Morning Skill Up Unit」（MSU）や、充実したICT教育があげられます。

MSUは生徒ひとりがそれぞれのノート型パソコンを活用し、週3日、1時限目の60分間、国語・数学・英語の各教科を20分ずつ学習するものです。

ICT教育については、生徒それぞれのパソコンが無線LANで結ばれており、いつでもどこでも情報を共有しながら活用することができます。調べたものをパソコンでまとめたり、インターネットを使って情報を自分のパソコンに取り込むことも可能です。

自分の言葉で表現する力を磨く

また、自分の言葉で表現する力を重視しているのも特徴的です。

国語や社会では、討論やスピーチ、ディベート、パネルディスカッションなどの学習が計画的に取り入れられています。こういった学習の積み重ねが、中3で実施される海外フィールドワークでの日本文化紹介などにつながっていきます。

さらに英語では、校内で英語のスピーチコンテストを行っています。上位の生徒は市や県の大会に参加し、毎年、市や県のレベルで1位を獲得するなど優秀な成績を残しています。

「このスピーチコンテストは、英語の知識や表現力を養うことにもつながるのですが、本校では高校でそこで得た力をさらに伸ばす場が多く用意されています。もともと英語教育や国際交流に力を入れている学校ですから、中学で得た英語力や興味を高校でさらに育てていくことができます。交換留学も毎年実施されていて、内進生で

海外フィールドワーク

海外フィールドワーク

高校入学後、留学している生徒もいます」（鶴巻校長先生）

大学進学実績が伸びているだけではなく、こういった継続的な学びができるところに浦和中の中高一貫教育の成果が表れていると言えます。

浦和中は中学校開校と同時に新築されており、校舎は窓が大きく、きれいで明るい色調です。また、高校側にある図書室に加えて中学用にメディアセンターという施設があったり、高校側の理科系実験室も使えたりと、学習環境はしっかりと整えられています。

最後に、どのような生徒に入学してもらいたいのか、鶴巻校長先生に伺いました。

「最初の6年間が終わり、自分でしっかりとした目標を持ち、粘り強くがんばった生徒が伸びて成果を出すことができるということがよく分かりました。ですから、高い志を持って、努力し続けられる生徒さんに入学してもらいたいですね。

そして、高校に進学した後は、高入生を引っ張りながら切磋琢磨し、たくましくがんばっている先輩たちに続いてくれるような生徒さんを待っています」（鶴巻校長先生）

体育祭

市高祭（文化祭）

Check!

2014年度 入試情報

募集区分

一般枠

募集定員

男子40名　女子40名

入学願書受付

12月26日（木）、27日（金）

第1次選抜

適性検査　2014年1月11日（土）
合格発表　2014年1月16日（木）

第2次選抜

適性検査　2014年1月18日（土）
合格発表　2014年1月22日（水）

検査内容

調査書、適性検査Ⅰ、Ⅱ、Ⅲ（各45分）、個人面接、集団面接

適性検査の傾向（2013年度）

適性検査Ⅰ、Ⅱ、Ⅲとも、課題の問題点を整理し、論理的に筋道を立てて考え解決する過程を、多様な方法で表現する力をみます。特に第2次の適性検査Ⅲでは作文の字数が多く、文章や図表などを読み取り、課題に従って220字以内の作文1題と330字以内の文章にまとめる作文が2題出ました。作文をとおして適切な表現力をみます。

※詳細は11月15日から配付予定の募集要項でご確認ください。

玉川学園中学部・高等部〈共学校〉
所在地:東京都町田市玉川学園6-1-1
アクセス:小田急線「玉川学園前」徒歩3分
電　話:042-739-8931(入試広報課)
U R L:http://www.tamagawa.jp/academy/

全員集合

部活に注目!

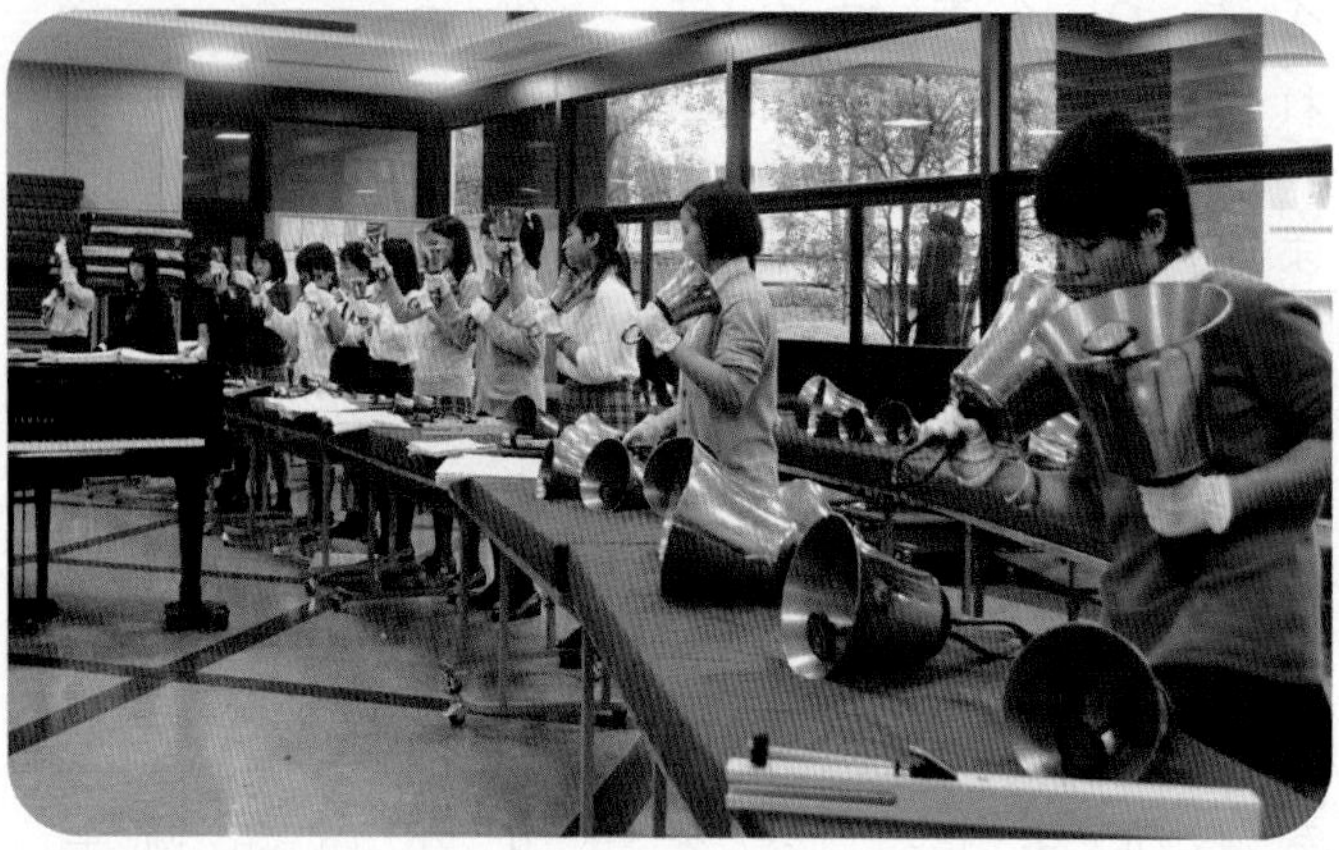

「花は咲く」を演奏してくれました

小学5年生から高校3年生まで29名の部員で活動する玉川学園ハンドベルクワイア。楽譜の読み方や楽器の鳴らし方を、先輩が後輩に教え、全員で曲をつくっていきます。積極的に学外活動を行い、人との触れ合いを大切にしています。

玉川学園《たまがわがくえん》中学部・高等部

ハンドベルクワイア

顧問　髙橋《たかはし》 美千子《みちこ》先生(右)
中学3年生　守屋《もりや》 未来《みく》さん(左)

演奏旅行をして人との交流を大事にする

――ハンドベルクワイアの「クワイア」とは何ですか。

髙橋先生「8年前まではハンドベル部でした。クワイアは合唱という意味です。響きを重ね合わせるというスタンスを強く持っていたので、8年前にハンドベルクワイアに名前を変更しました」

――活動日と練習内容を教えてください。

守屋さん「月・火・木・金・土です。土曜日は授業がないので、9~16時まで練習します。楽譜を見てもらうとわかりますが(写真37ページ左下)、まず自分の任された音に印をつけます。自分1人で練習をして、できるようになったら、全体で合わせていきます。曲に

△奏法のひとつ「シェイク」は小さいベルを激しく振ります

▲先生の指揮に合わせて素早くベルを持ち替えます

▷下においたまま、なかのクラッパーを打ちつける「ピッツ」という奏法です

Handbell Choir

よって柔らかい音とかたい音を使い分けています。見た目で表現することも重要ですが、音でも表現ができないといけません」

髙橋先生「2カ月で20曲、並行して練習します」

——音の担当やベルを持つ数は決まっていますか。

髙橋先生「下の学年には幅広く経験させます。数は大きさによって異なりますが、10～13個持たせます」

守屋さん「このベルはここに置くなどと場所を決めて、自分がやりやすいように工夫しています」

——発表の場はありますか。

髙橋先生「1年をとおして50公演です。6年前からは演奏旅行をしています。この夏は東北を21カ所まわりました。来年も東北に行く予定です」

守屋さん「1番大きい公演は定期演奏会です。六本木にあるサントリーホールで行います」

——今までの活動のなかで1番印象に残っていることを教えてください。

守屋さん「今年の夏、岩手県花巻の保育園と宮城県山元町の仮設住宅で行った公演です。小さな子が喜んで聞いてくれたのが印象に残っています。昨年もそこで公演をしたのですが、私のことを覚えていてくれた人がいたのがうれしかったです」

——これからしてみたいことはありますか。

守屋さん「今年は多くの人と触れ合うことができたのでとてもよかったです。東北の中学校で演奏した時は、同い年の中学3年生の女の子にハンドベルを体験してもらい、友だちになりました。その子とも直接また話したいので、今まで訪れた場所にもう一度行きたいです」

——部の魅力を教えてください。

守屋さん「部員がとても仲がいいところです。先輩に怒られることもありますが、演奏会を一緒に乗り越えているので、先輩後輩の関係がすごくいいです。演奏後の達成感は格別で、続けてきて本当によかったと思います」

▽大小様々なベルがあり、1番大きいベルの重さは4kgもあります

▲演奏に使う楽譜。自分の担当する音の部分には印をつけます

雨のため、かき氷の屋台は急遽玄関前で開かれることに。

Go!Go!志望校 第14回

悪天候にも負けない熱気あふれる文化祭!

浅野中学校・高等学校「打越祭・第1部文化祭」

文化祭についてお話を伺った、(左から)実行委員・能島有亜さん、文化祭実行委員長・吉永響さん、実行委員・片野元貴さん。

9月15日に浅野中学校・高等学校「打越祭・第1部文化祭」が行われました。

打越祭は9月中旬に行われる文化祭と、下旬に行われる第2部の体育祭からなる総合学園祭です。本来、文化祭は16日も開催予定でしたが、台風が接近していたため生徒と来校者の安全を考え、15日のみの開催となりました。それに加え、改修工事の関係で使用できる場所も例年より少ないという制約があるなかでの実施となりましたが、生徒たちはその1日に熱い思いを凝縮させて文化祭を盛り上げていました。

ステージ部門の実行委員・片《かた》野《の》元《げん》貴《き》さんの「打越祭に来て浅野生の様子を実際に見た人は、きっと浅野に入りたくなると思います」というメッセージのとおり、浅野の魅力が存分に発揮されます。

打越祭は実行委員を中心に、企画から運営までを生徒たちが行い、中1から入ることができる実行委員は、ステージ部門、総務部門、案内・宣伝部門などの10部門で構成されています。

楽しんでもらうために奮闘する各コーナー

棋道部（囲碁・将棋）では、来校者と部員が対戦できるコーナーを設けていました。部員は全国大会でも活躍する有段者なので、みなさん苦戦していましたが、部員との触れあいを楽しんでいました。

実験だけでなく生物の展示も行っている生物部。

化学部の体験教室。

受験生やその保護者に人気なのが、化学部や生物部などの理科系の部のコーナーで、毎年レベルの高い実験や展示が行われています。化学部は化学マジックやスライムづくりなどの体験教室を行い、化学の面白さを小学生に伝えていました。

部活による出し物だけでなく有志団体による出店も多くみられました。屋台は雨の影響で屋外開催はできませんでしたが、屋根のある場所を確保して、焼きそば、チャーハン、うどんなどおいしい食品を提供していました。

「ステージ部門の実行委員として活動するかたわら、かき氷の屋台も出していました。たくさんの方に来ていただいて嬉しかったです」（能《の》島《じま》有《あり》亜《ぁ》さん）

間夜祭で披露された
ジャグリング。

毎年体育館で行われてい
るバンド演奏。今年は工事
のため視聴覚室で行われ
ました。

装飾部門の実行委員たち
の力作、垂れ幕と入場門
です。

ステージ奥の防
音壁は実行委員
が約2カ月かけて
作成しました。

また、中1・中2は学年参加という形で普段の学習の成果を展示発表しています。「文化祭の主役は高2生だと思われがちですが、中学1・2年生にも、主役となる場が必ずあります」と出井善次《いでいぜんじ》教頭先生は語っています。

生徒たちの思いが通じたのか、午後からは雨もあがり、第一広場に設置されたステージでの催し物も行うことができました。特に盛り上がったのは「Mr・浅野」と「Miss浅野」という企画。「Mr・浅野」はかっこいい生徒を選ぶものですが、「Miss浅野」は生徒が女装を披露するコンテストで、男子校ならではの企画として人気となっています。このほかにもバンドやアミューズメント、喫茶、公演など多くの出し物があり、約6000人の来校者は文化祭を満喫していました。

文化祭実行委員長の吉永響《よしながひびき》さんは「午前中は雨が降っていたにもかかわらず、多くの方が来てくださり感謝しています。そして、実行委員も実行委員でない人も、みんなが打越祭を盛り上げようとがんばってくれたことを誇りに思います」と話してくれました。

悪天候にも負けず、来校者を楽しませるための努力を惜しまない浅野生。そんな彼らがイチから自分たちでつくりあげる打越祭にみなさんもぜひ足を運んでみてください。

School Data

浅野中学校・高等学校

所在地：神奈川県横浜市神奈川区子安台1-3-1
アクセス：JR京浜東北線「新子安」・京浜急行線「京急新子安」徒歩8分
TEL：045-421-3281
URL：http://www.asano.ed.jp/

出井善次教頭先生にも
お話を伺いました。

棋道部での対局の様子。
みなさん真剣です。

アーチェリー部のコーナーでは
風船割りを実施。

私学の図書館

ただいま
貸し出し中

みなさん、読書は好きですか？

私学の図書館では毎号、有名私立中学校の先生方から「小学生のみなさんに読んでほしい本」をご紹介いただいています。ぜひ一度、手にとって読んでみてください。

共立女子中学校

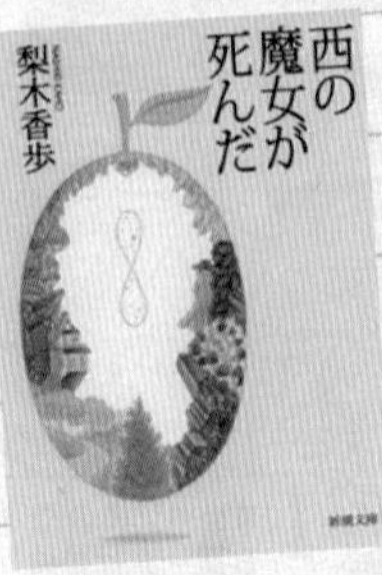

約100冊の中から毎月1冊選んで感想を書く「読書ノート」で、不動の人気を誇る1冊。登校拒否になった中学生の女の子とおばあちゃんの心の交流を描いた、あたたかくてちょっと切ない物語は小学生のみなさんでもきっと感じることがあるはずです。
（広報部　金井　圭太郎 先生）

「西の魔女が死んだ」

著　者：梨木　香歩
価　格：452円（税込）
出版元：新潮文庫刊

中学に進んでまもなく、どうしても学校へ足が向かなくなった少女まいは、季節が初夏へと移り変るひと月あまりを、西の魔女のもとで過ごした。西の魔女ことママのママ、つまり大好きなおばあちゃんから、まいは魔女の手ほどきを受けるのだが、魔女修行の肝心かなめは、何でも自分で決める、ということだった。喜びも希望も、もちろん幸せも……。その後のまいの物語「渡りの一日」併録。

約80,000冊の蔵書を誇る図書室で、自習室としても使われます。特に色々な本がそろっていますが、特に「青い鳥文庫」の全冊ならんだ棚は、いつも中学生でにぎわっています。図書委員会の活動もさかんで、「図書だより」の発行や「企画展示」も定期的に行っています。

佼成学園中学校

一人のルポライターと一度は選手生命を絶たれたボクサー、そして老トレーナーが一つの目的（世界チャンピオン）に向かって疾走する。夢に向かっていく自分と、現実の生活に追われる自分との葛藤に何度も迷いながら最後の夏に挑む。その先に待っていたものは？
（司書教諭・社会科教諭・野球部監督　藤田　直毅 先生）

「一瞬の夏（上）（下）」

著　者：沢木　耕太郎
価　格：各662円（税込）
出版元：新潮文庫刊

強打をうたわれた元東洋ミドル級王者カシアス内藤。当時駆けだしのルポライターだった“私”は、彼の選手生命の無残な終りを見た。その彼が、四年ぶりに再起する。再び栄光を夢みる元チャンピオン、手を貸す老トレーナー、見守る若きカメラマン、そしてプロモーターとして関わる“私”。

一度は挫折した悲運のボクサーのカムバックに、男たちは夢を託し、人生を賭けた。

（上巻より）


蔵書40,000冊、約80の閲覧席があり、奥には「よのなか科ルーム」と呼ばれる多目的ルームがあります。図書館は生徒が主役の図書委員会が運営し、購入本の選択、映画上映会、広報新聞作成、新刊本の生徒閲覧用データをPCへ入力、ホームページ作成などを行っています。

山脇学園中学校

私たちの身の回りには、テレビや新聞、インターネットなどたくさんのメディアがあります。メディアの情報は「編集」されています。「編集」とは情報を切り取ることです。したがって「編集」された情報は、事実そのものではありません。この本を通じて、メディアをひとつの方向からだけではなく様々な角度からながめてみると、きっと大きな発見があるはずです。
（入試広報室　国語科　金子　忠央 先生）

「世界を信じるためのメソッド」

著　者：森　達也
価　格：1,260円（税込）
出版元：イースト・プレス

おとなは、バカだ。同じ過ちを、なんどもくりかえす。

世界が、人間が、取り返しのつかない過ちを犯すのは、メディアの使い方をあやまるからだ。メディアはときに人を殺し、ぼくらを殺すことすらある。ならば、なにをどう信じるべきなのか。いま、なによりも必要なリテラシー。


本校「自学館」は、昨年“志を立てそれを実現する総合学習スペース”として生まれ変わりました。図書館機能を持ち50,000冊以上の蔵書を持つ「知のエリア」、進路学習情報センターとして専門教員が常駐する「志のエリア」、個人学習ブースを備えた「学のエリア」の3つから成り、夜7時まで多くの生徒が利用しています。

明治大学付属明治中学校

今年の夏もセミがうるさく鳴いていましたね。実はアメリカには、17年に1度、想像を絶するほどにセミが大量発生してしまう年があるそうです。どうしてこんな現象が起きるのでしょう。この秘密を知りたい人は、ぜひこの本を。

（司書教諭　江竜《えりゅう》　珠緒《たまお》 先生）

「素数ゼミの謎」

著　者：吉村　仁
価　格：1,500円（税込）
出版元：文藝春秋

小さなセミに秘められた、壮大な進化の物語
17年あるいは13年おきに何億匹も現れる不思議なセミ。17・13という「素数」に隠された謎とは？子供から大人まで楽しめる科学読物。

天井高は約6m、2・3階の吹き抜けで中庭を眺望できる位置に設計されています。蔵書数は約50,000冊。ノートPC50台を配置して、読書はもちろん各教科とコラボした「調べ学習」にも専任司書教諭がチームティーチングで対応。また、英語多読本は5,000冊を揃えています。

聖光学院中学校

遠野物語は約100年前に出版された岩手県遠野地方の民話集です。語りつがれてきた物語は、昔話や伝説のようでもあり、噂話のようでもあり、やけにリアルに私たちの前に現れてきます。私たちの生活が実は物語にあふれていることに気づかせてくれる一冊です。

（国語科教諭　神保　元 先生）

「遠野物語」

著　者：柳田　国男
価　格：540円（税込）
出版元：集英社文庫

雪女、ザシキワラシ…。民間伝承のメッカ岩手県遠野地方に、古くから伝わる伝説や昔話などを収集。日本民俗学の先駆者が、簡潔な文体で綴る民話集。
（解説・長谷川政春／鑑賞・中沢新一）

本校図書館の蔵書数は約33,000冊です。所蔵書籍はジャンルにとらわれず多岐にわたっていますが、外国文学、ファンタジーの蔵書数には特筆すべきものがあります。読書が苦手な生徒にも手に取りやすい書籍から難解な専門書まで生徒のニーズに応えています。

芝中学校

サブタイトルにもあるように「時間どろぼうとぬすまれた時間を人間にとりかえしてくれた女の子のふしぎな物語」です。読み終わってから、時間とは何だろう？現代社会って何だろうと考えさせられるお話です。

（国語科主任　伊藤　周平 先生）

「モモ」

著　者：ミヒャエル・エンデ
訳　：大島　かおり
価　格：840円（税込）
出版元：岩波書店

時間どろぼうと、ぬすまれた時間を人間にとりかえしてくれた女の子モモのふしぎな物語。人間本来の生き方を忘れてしまっている現代の人々に〈時間〉の真の意味を問う、エンデの名作。
町はずれの円形劇場のあとに、不思議な少女モモがまよいこんできました。町の人たちはモモに話をきいてもらうと、なぜか幸福な気持ちになるのでした。そこへ、「時間どろぼう」の魔の手が忍び寄ります…。

中高共用の図書館には約49,000冊の蔵書があり、休み時間や放課後は本を読んだり、勉強をしたりと様々な姿が見られます。特に利用の多い昼休みには延べ300名近い生徒が来館します。授業のレポートや課題作成にもよく利用されています。
貸し出しはひとり3冊まで、2週間借りられます。年間の貸出冊数は約12,000冊です。

豊島岡女子学園中学校

著者の日野原先生は、101歳になられた今でも現役の医師として聖路加病院に勤務し、1年前から始めたFacebookだって自由に操ります。現在「いのちの授業」で世界の子ども達のもとを訪れています。そんな元気に溢れた先生からのメッセージをぜひ受け取ってください。（司書教諭　髙司　陽子 先生）

注：2013.10月で102歳

「十歳のきみへ 九十五歳のわたしから」

著　者：日野原　重明
価　格：1,260円（税込）
出版元：冨山房インターナショナル

2005年に文化勲章を授与された、聖路加国際病院理事長、日野原重明、はじめての「子どもたちへのメッセージ」。
いのちとは、家族とは、人間とは。若いきみたちに託したいこと。かつて十歳だったあなたにもぜひ読んでほしい。聖路加国際病院理事長、日野原重明先生が、万感の思いを込めた最新刊。
「お母さんの病気はすっかりは治らなくても
生きていてさえくれればと
ぼくは部屋の隅に行って
こっそりお祈りした
毎朝の決まったお祈りよりもしっかりと」。

図書館は最上階の8階にありますが、休み時間になると大勢の生徒達の活気で溢れています。「国際理解のための主張コンクール」や「どくしょ甲子園」など校外活動にも積極的に取り組んでいます。区立中央図書館と連携した読み聞かせ活動も6年目になりました。

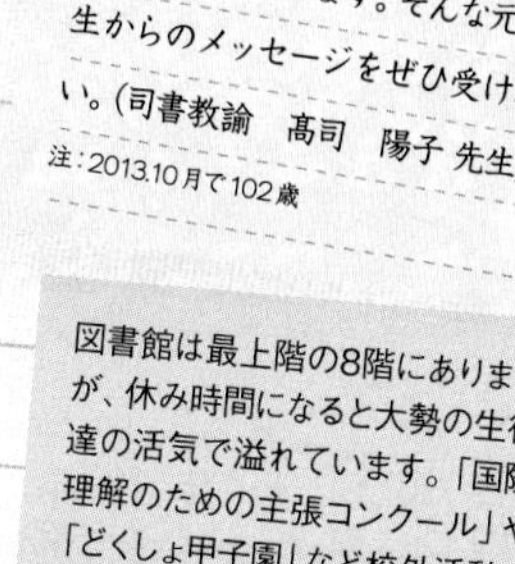

藤村女子中学校

Fujimura Girls' Junior High School

藤村女子の魅力

住みたい街No.1の吉祥寺駅から徒歩5分、武蔵野の美しい緑に囲まれ、文化溢れる吉祥寺の中心に位置する藤村女子中学校。今回はその学校生活の魅力をご紹介します。

豊富な学校行事で刺激を受ける 1

藤村女子の魅力の一つが豊富な学校行事です。主なものだけでも、研修旅行、修学旅行、野外実習、演技発表会、スポーツ大会、文化祭、弁論大会と1年間にさまざまな行事があります。

中学3年間の多感な時期に、これらの学校行事をとおして数多くの体験・経験を重ねることで、ある意味単調な学校生活が刺激あるものとなり、精神的・身体的な成長へとつながっていきます。

以下で中学3年間での研修旅行と修学旅行についてご紹介いたします。

中学研修旅行・修学旅行 2

藤村女子の中学校3年間は、毎年、学校外に出かけてさまざまな体験活動を行っています。

・中学1年
「八ヶ岳ホームルーム合宿」

入学後の5月連休明けに、友達作りを目的として、八ヶ岳に3泊4日のホームルーム合宿に出かけます。現地では、色々な農業体験や森林体験、動物たちの世話などを通して、新しい友達との関わり方や自然に触れる楽しさを経験します。

そして最終日には、クラス全員で力を合わせて「人間ドミノ」を完成させます。ドミノの完成にはクラス全員の協力が不可欠であるという仲間の大切さを学びます。

・中学2年
「京都・奈良研修旅行」

比叡山の宿坊にも宿泊し、さまざまな日本文化にふれる3泊4日の研修旅行に出かけます。

京都では、4~5人のグループであらかじめ計画を立てて行動します。公共バスのフリーパスを利用して、決められたチェックポイントを通過し、京都と東京の違いなどを観察して規定時間までに宿舎に戻ります。

このグループ行動は、中学3年で行くハワイ修学旅行の予行演習もかねており、自分たちの力で困難な局面を乗り越える経験を積むことを目的としています。

・中学3年「ハワイ修学旅行」

中学3年の今でしか経験できないハワイを体験します。

3泊5日とやや短いスケジュールの中、早朝の溶岩上のトレッキングから始まり、現地の家庭へのホームビジット、フラダンス体験（家庭科の授業で制作したドレスを着ます）、現地校生徒との交流、ハワイの星空観察など盛りだくさんの体験が続きます。そして最終日には戦艦ミズーリを見学し、歴史と平和について考え、学びます。

このハワイでの異文化体験が、大学などの進路先の決定に役立っている生徒も少なくありません。

クラブ活動と進路決定 3

藤村女子は部活動が盛んなことでも有名です。器械体操部、競泳部、陸上部、囲碁部など全国大会で活躍するクラブも少なくありません。

また、クラブ活動の特徴として、中1から高3までが一緒に活動を行うことが挙げられます。このため高2・高3生は、中学入学のまだ幼い中1の世話を行うことになります。

広報部の廣瀬真奈美先生は「このようなクラブ活動での指導経験から、近年、教育系を目指す子が増加傾向にある」、また「藤村女子の特徴として、将来の目標をはっきりと持って進路を決定している生徒が多い」と分析しています。

確かに近年の進路先をみると、大学名で選んでいるのではなく、学部・学科で進路選択をしていることがうかがえます。また、その先の就職先をみても、警察官、電車の運転士、小中学校教師、ディズニーリゾートダンサーなどさまざまな分野で活躍しています。

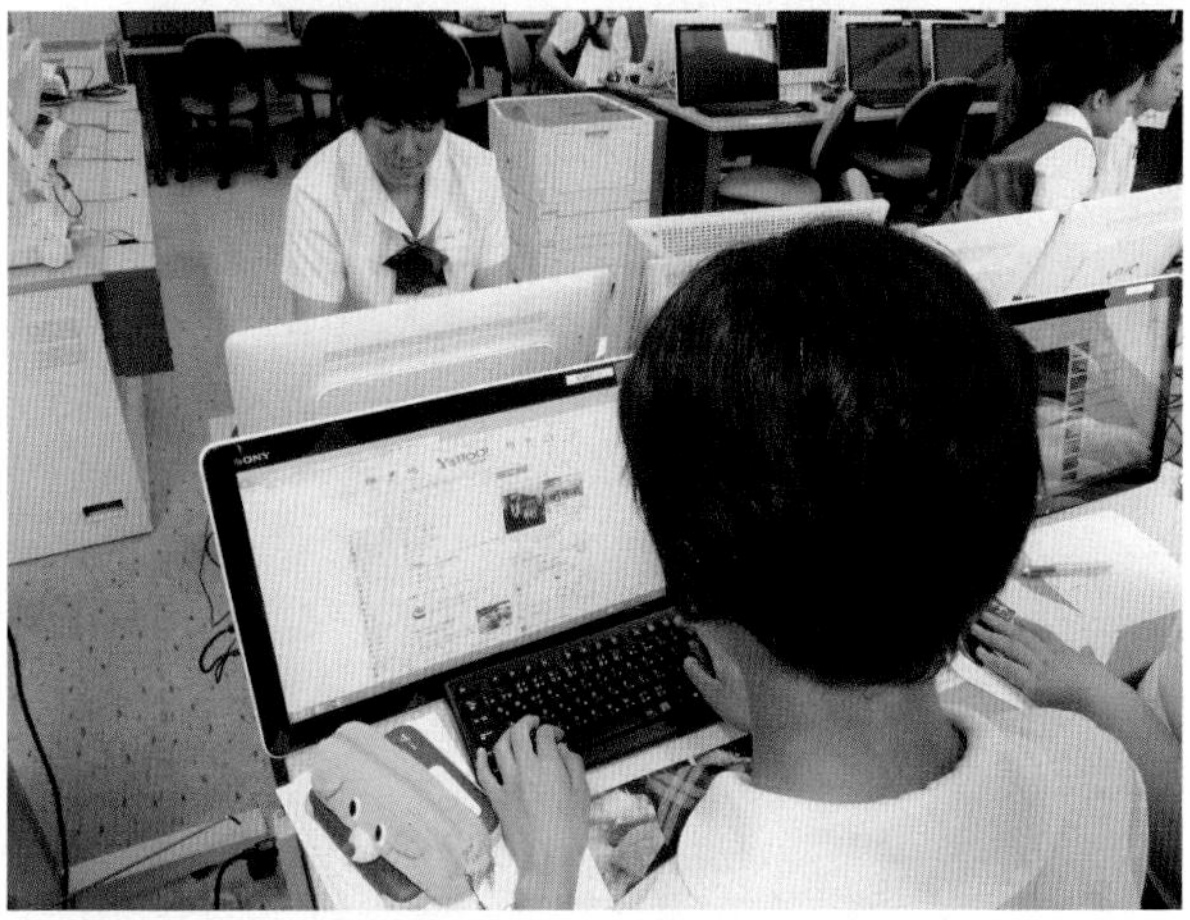

受験生に優しい入学試験 4

藤村女子の入学試験には、2科・4科選択の一般入試と公立中高一貫校型「適性検査入試」があります。また、その両入学試験において、奨学金を支給する「プレミアム入試」を選択することが出来ます。特に2科でも受験できることは受験生にとっては優しい入学試験となるはずです。

プレミアムの内容は、プレミアムA（年間授業料相当の奨学金支給）、プレミアムB（年間授業料半額相当の奨学金支給）、プレミアムC（10万円の奨学金支給）となっています。

また「適性検査入試」は以前から定評があり、毎年多くの受験生を集めています。今年度の入試では都立三鷹、都立桜修館などと併願する受験生が多くみられました。基本的な問題が中心となっており、受験勉強を遅めに始めた受験生でも対応できる入学試験問題となっています。

今年度からタブレット型PCを使用し「ボーカロイド」などの新しいIT授業を始めており、今後の進展が楽しみな学校といえます。

藤村女子中学校 School Data

所在地 東京都武蔵野市吉祥寺本町2-16-3
TEL 0422-22-1266
URL http://www.fujimura.ac.jp/
アクセス JR線・京王井の頭線・地下鉄東西線「吉祥寺」徒歩5分

学校説明会
12月7日（土） 14:00～

予想問題解説会 ※要予約
11月17日（日）
・藤村予想問題解説会 8:30～
・適性検査入試解説会 13:00～

個別相談会 ※要予約
1月5日（日） 9:00～13:00

	2月1日		2月2日		2月3日	2月7日
	午前	【午後】	午前	【午後】	午前	午前
入試区分	一般入試 プレミアム入試 適正検査入試	プレミアム入試	一般入試 プレミアム入試			
募集人員	一般 30名 適性検査入試 10名	10名	20名	10名	5名	5名
試験科目	2科・4科選択 適性Ⅰ・Ⅱ	2科(国・算)または4科(国・算・理・社)の選択				

※プレミアム入試の募集人員は一般入試の募集人員に含む。
※2月1日午後はプレミアム入試のみ。
※2月1日午前の適性検査入試にもプレミアム制度の適用あり。

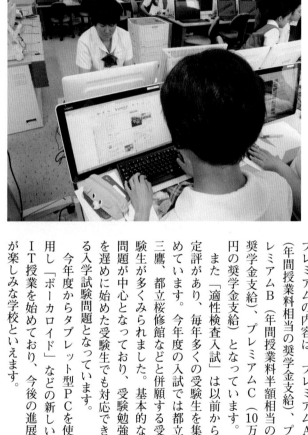

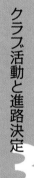

ココロと
カラダの特集

身体の成長が著しい小学生。
心のなかも、さまざまに揺れながら伸びようとしています。
ついつい大人の目で見てしまいがちな子どもたちのココロとカラダ。
ちょっと立ち止まってゆったり向かい合ってみませんか。

写真◉越間有紀子

特集1
子どもに幸福感を持たせるにはどうすればいいか

蓮見将敏
はすみ・まさとし
大学院博士課程修了後、児童相談所や心療内科クリニックのカウンセラーを経て、現在、杉野服飾大学教授。神奈川県スクールカウンセラーを兼務している。

子どもが毎日を幸福な気持ちで過ごして欲しいとは親ならば誰でも思うことです。
しかし、この幸福感とはどのようにして生まれるものなのでしょうか。
また、そういう気持ちを子どもに持たせるには、どうしたらいいのでしょうか。
臨床心理学者の蓮見将敏さんに、
子どもに幸福感を持たせる方法について話していただきました。

写真◉越間有紀子

幸福感とは何かというのは、一口では言えないように思えますが、あえて簡単に表現しようとすれば、満足による喜びの感情と言い変えることができます。しかし、この満足とは何かというのが、また問題です。単にノドが渇いた、お腹がすいたという欲求を満たすことも満足です。しかし、それはレベルの低い満足といえます。それに対して、理想が実現される、生きがいが達成されるといった、生きる意味につながる高いレベルの満足もあります。

児童期（小学生）の幸福感とは、まだ自我が確立されていないため、高いレベルの満足の感情というよりは、やりたい気持ちが満たされた、なりたい気持ちが満たされたというレベルのものといえます。

具体的には、野球をやりたい、水泳に行きたい、ピアノを弾きたいといった欲求や、上手になりたい、人気者になりたい、いい子になりたいといった欲求です。これらがある程度、満たされたときに幸福感を感じます。

幸福感というのはきわめて主観的な感情

しかし、幸福感というのはきわめて主観的な感情です。それは大人でも子どもでも変わりません。例えば、野球をやることができたという行動は同じでも、子どもによって、受け取り方は様々です。ある子どもは、それによってとても満足を感じるのに、違う子どもは大して満足しないということがあります。子どもの幸福感は大人

子どもの幸福を測る6つの側面

1 物的状況
親の就業状態や家庭の経済状態。買ってもらえる洋服、本、おもちゃ、もらえる小遣いなど。

2 健康と安全
子どもの心身が健康であるか。親が子どもの健康を配慮しているか。事故にあったりすることがないか。

3 教育
子どもがどの程度、学習できているか。

4 家族や友人との関係
家族構成はどうなっているか。親子関係はどういう状態か。友人との関係はどうなっているか。

5 日常生活上のリスク
食事など習慣が健康的かどうか。飲酒や喫煙をしたりすることがないか。暴力を受けることがないかどうか。

6 子どもの実感
子ども本人が自分の健康状態をどう感じているか。学校が好きかどうか。自分の生活をよいと感じているかどうか。

に較べて単純に見えても、外から推し量るのはそう簡単ではありません。そこに注意する必要があります。

一方で幸福感というのは、このように主観的なものですから、一般には苦悩や挫折といったつらい体験であっても、本人次第で、幸福感に転ずることができます。物事をプラスにとらえることができる人であれば、挫折したときこそ、得られるものが大きい、苦悩があれば、次には喜びが訪れると前向きに考えることで、幸福感が得られることもあるのです。

また、幸福感とは一瞬の感情というよりは、ある程度、持続する感情です。例えば、サッカーでゴールを決めたときのヤッターという満足は一瞬のもので、幸福感とはちょっと違います。むしろ、ゴールを重ねて得点王になれたときこそ、一瞬ではない持続する満足が得られ、幸福感を感じます。

つまり、子どもに対して、一瞬の満足を与えても、それは幸福感にはつながりません。野球をやりたいという気持ちを満たして幸福感を感じるには、1回きりではダメなのです。野球チームに入って、毎週でも野球ができるようになってこそ、幸福感を感じることができます。

子どもに対し幸福感を教えることも大事

子どもを支援する国連機関、ユニセフでは先進国における子どもの幸福度を調査しています。今年発表された29カ国の調査結果では、2007年の調査と同様、北欧4カ国（フィンランド、アイスランド、ノルウェー、スウェーデン）が総合ランキングで上位を占めています。日本は調査項目が足りなくて総合評価ができないのですが、調査した範囲で推測すると決して上位ではありません。

これまで述べたように、幸福感を推し量るのは簡単ではありません。ユニセフでは、調査年次によっても多少違うのですが、次の6つの側面から、子どもが幸せかどうかを判断しています。

（1）物的状況
親の就業状態や家庭の経済状態。買ってもらえる洋服、本、おもちゃ、もらえる小遣いなど。

（2）健康と安全
子どもの心身が健康であるか。親が子どもの健康を配慮しているか。事故にあったりすることがないか。

（3）教育
子どもがどの程度、学習できているか。

（4）家族や友人との関係
家族構成はどうなっているか。親子関係はどういう状態か。友人との関係はどうなっているか。

（5）日常生活上のリスク
食事など習慣が健康的かどうか。飲酒や喫煙をしたりすることがないか。暴力を受けることがないか

子どもに幸福感を持たせるための10の方法

1 親が子どもの存在を喜ぶ。

2 親への信頼感と安心感を持たせる。

3 子どものプラスの面、将来につながる面を見る。

4 外向性や社交性を育てる。

5 過大な目標を持たせない。

6 手に届く目標を持たせて、それを達成させる。

7 時間を有効に使わせる。

8 悩みや問題に幅広く対応する力を育てる。

9 遊びや趣味を楽しむことを教える。

10 成功の体験をさせる。

どうか。

（6）子どもの実感

子ども本人が自分の健康状態をどう感じているか。学校が好きかどうか。自分の生活をよいと感じているかどうか。

この6つの側面は子どもに幸福感を持たせる上で、いずれも注意すべきことです。自分の子どもの状態をこの6つの側面から見直してみてください。

さて、親が子どもの幸福感を育てるためには、どういうことができるのでしょうか。

実は、子どもに幸福感を教えることも大事なのです。小学生の段階ではまだ、自分だけでは自分が幸福かどうか判断できないのです。ですから、例えば、子どもが好きな物を手に入れたときなど、「お前はこれを持つことができて幸福なんだよ」と教えてあげることが必要です。お前は幸福だということは、多少は大げさに言ってもかまいません。

子どもがいるだけで幸せだと思う親になる

また、子どもが幸福感を持たせるためには、まず親が幸福な気持ちを持っていることが必要です。親が自分の生活に不満を持っていて、文句ばかり言っていると、子どもも文句ばかり言う子になってしまいます。親が幸福であれば、連動して子どもも、幸福感を持つようになります。

そのためには、親がプラス指向で、楽天主義であった方がいいのです。何があっても前向きに考えることで、幸福感は高まります。子どもと接するときにも、文句が先立つのではなくて、大抵のことは、まあ大丈夫という姿勢でいて

ください。

それでは、子どもに幸福感を持たせるための方法を具体的に考えていきましょう。

1）まずは子どもの存在を喜ぶことです。子どもがいるだけで幸せだと、親が思うことができれば、それが子どもに伝わります。そして、子どもは自分の存在を肯定することができるようになります。それこそが、幸福感への第一歩なのです。

2）親に対する信頼感と安心感を持たせてください。親に対する不安を持っている子どもは、自分自身に対しても不安を持ってしまいます。親がしっかり自分を守ってくれていると思えるから、それをベースに子どもは新しいことに挑戦しようとします。その前向きな姿勢が幸福感には必要です。子どもから信頼感や安心感を得るには、一生懸命育てること、威張らずに育てること、子どもに正直であることが求められます。

3）子どものプラスの面、明るい面、将来につながる面を見るようにします。親がそういう面に注目することで、子どもは自信を持つようになります。自分に対して自信を持つことで、物事をプラスにとらえることができるようになります。

4）外向性や社交性を育てるようにします。人に対して、好き嫌いを持たずに、多くの友人と付き合うのがいいのです。そうすることで、自分の殻に閉じこもるのではなくて、人とのつながりの中で幸福感を感じるようになります。子ども同士で遊ぶ時間を大事にしてください。親が友だちを選ぶようなことはしてはダメです。

5）子どもに過大な目標を持たせるのはよくありません。親が勝手に目標を子どもに押し付けると、子どもはそれについてこられません。理想と現実の差があまりに離れすぎてしまうと、子どもは前に進むことができなくなってしまいます。

6）手に届く目標を持たせて、それを達成させます。目標を達成させることで、前向きな気持ちを持つようになります。計画帳を書かせたり、日々の進行具合について日記を書かせるといったことも、いい方法です。一歩ずつ前進している実感を持たせてください。

成功体験のイメージを自分の中に持たせる

7）時間を有効に使わせるようにします。時間の使い方の下手の子どもは、自分のやりたい事をやりきれずに、日々の生活に不満を持つようになります。「今のうちにこれをやってしまって、あとの時間はこう使ったらどう」というように、時間の使い方をアドバイスしてあげます。時間の無駄をなくすことで、幸福感が高まります。

8）悩みや問題に幅広く対応する力を育てます。何か解決しなければならない悩みや問題があったとき、一つの方向からばかり対処しようとすると行き詰まります。人に相談することを含めて、様々な方向からアプローチすることが大事です。そういうアプローチの幅の広さを子どもに持たせるようにしてください。

9）遊びや趣味を楽しむことを教えてください。遊ぶときには、心から熱中して遊び、好きな趣味に打ち込めるということは、幸福感につながります。親も子どもと一緒になって、遊びや趣味に一生懸命になりましょう。もちろん、他人に迷惑をかけたり、お金がかかりすぎる、時間がかかりすぎる遊びや趣味はよくありません。

10）成功体験をさせることが大事です。ちょっとした成功体験でいいのです。例えば、ピアノの発表会で最後まで曲を弾くということでもいいです。山登りで頂上に立ったりするのもいい体験です。そういうことから成功のイメージが自分の中に育っていきます。成功した話を聞いたり、読んだりすることも、イメージを育むのには役に立ちます。

　成功のイメージをしっかり、自分の中に持つことのできた子どもは、多少の困難や苦痛があっても幸福感を失うことなく、前に進んでいくことができます。

ココロとカラダの特集

特集2

気づかない子どもの中耳炎に注意

中耳炎は、中耳に細菌が入り込んで炎症が起きる病気。
大人でもかかりますが、圧倒的に子どもに多く見られます。
無症状のために気づかないまま進行して
聞こえが悪くなるタイプの中耳炎もあり、
授業がよく聞き取れず成績に影響する例もあるので、
注意が必要です。

文◉深津チヅ子　イラスト◉土田菜摘

プールに入った後にきちんと耳の水抜きをしないと中耳炎になる。子どもの頃、そんなふうに聞いた覚えはありませんか。中耳炎の原因は耳から入る水のせいだと思い込んでいる方もいるようですが、鼓膜の向こう側にある小さな空間「中耳」が細菌感染して炎症を起こしている状態が中耳炎。犯人である細菌は、鼓膜の外側の外耳からではなく、中耳とつながっているノドの奥からやってきます。

そう言えば、うちの子もやったわという方は多いはずです。中耳炎は成長過程にある子どもがかかりやすい病気。「病院受診率では、大人の10倍以上あります」と、子どもの中耳炎治療に実際に携わることが多い「なごや耳鼻咽喉科」の名古屋孝夫院長が話すように、約7割の子が3歳までに一度は経験すると言われ、その後減少はするものの、15歳くらいまでは大人よりかかりやすい時期が続きます。

では、なぜ子どもは中耳炎にかかりやすいのでしょうか。

無症状のまま難聴が進行することも

そもそも中耳炎にはいくつかタイプがあり、子どもに多いのは急性中耳炎と滲出性中耳炎のふたつ。

急性中耳炎は、中耳にウミがいっぱいたまって炎症を起こす病気です。炎症は、鼻風邪やノド風邪をひいたときに、その細菌がノドの奥と中耳を結ぶ通路である耳管を通って中耳に入り込むことで起きます。

「子どもの場合、免疫力が未熟なことに加え、細菌侵入のルートになる耳管が水平に近く短いために菌が入り込みやすく、感染を起こしやすいのです」（名古屋先生）

思春期を迎えて身長が150～160㎝になると、顔の形やサイズが大人に近くなって耳管が長くなり傾斜するため、中耳炎はグッと減ってきます。

急性中耳炎になると、たまったウミが鼓膜を押してくるので、子どもはとても痛がり、発熱が続いたりします。

「耳掃除の際に、ちょっと綿棒で鼓膜に触れても痛いものです。それほど敏感な鼓膜がグイグイ押

されるのですから、痛みは推して知るべし。ただし、ずっと痛みがあるわけではなく、痛がっていたかと思うとケロリと治ったりと、波があります」（名古屋先生）。

中耳に収まり切らなくなったウミが鼓膜を破って耳だれが流れ出してくることも。そうなると、とても心配になりますが、「痛みが消えるので、本人はウソのように楽になります。鼓膜は破れても再生されますから、慌てて救急車を呼んだりしなくても大丈夫ですよ。ひと息ついてから受診しても問題ありません」と名古屋先生。夜間に中耳炎の痛みが強くなった場合も、とりあえず市販の痛み止めを飲ませ、翌日受診すればいいといいます。

いっぽうの滲出性中耳炎はウミではなく、中耳に無菌性の浸出液がたまる病気。何らかの原因で中耳とノドをつなぐ耳管の機能が低下して粘膜から滲出液がしみ出してきたり、あるいは急性中耳炎がきちんと治りきらない状態で起きます。こちらは痛くもかゆくもなく、子どもに自覚症状がないため、周囲も気づきません。しかし進行すると、じわじわと耳が塞がったように聞こえが悪くなっていきます。テレビの音を大きくするようになった、呼びかけても返事をしない、聞き返しが増えた場合は、滲出性中耳炎を疑い、受診する必要があります。

放置すれば、授業中に先生の話が聞こえず成績が下がったなどということになりかねませんし、何より真珠腫性中耳炎と呼ばれる厄介な中耳炎に進行し、高度な手術が必要になることがあるからです。

急性中耳炎も滲出性中耳炎もあやしいなと思ったら受診しましょう。小児科でも診る先生はいますが、聴力検査が出来て、症状に合わせて切開するなど選択肢の広い治療ができるので、耳鼻咽喉科を受診するように名古屋先生はすすめます。

「急性中耳炎については、最近、治療のガイドラインが作成され、どの耳鼻科でも統一された治療が受けられるようになったので、安心して近隣の耳鼻科を受診してください」（名古屋先生）

鼓膜切開すれば2～3週間で全快する

治療の基本は、抗生物質と痛み止めを使った薬物治療。場合に応じて、鼓膜を切開して中耳にたまったウミを出すことも。切開と言っても、麻酔を使うので痛みはなく、中耳炎の治りは早くなります。

滲出性中耳炎については、2～3週間内服しながら通院して耳管に空気を通す治療法や、浸出液を出し中耳腔を乾かす鼓膜切開やチューブを入れる治療法を行います。

「いずれも外来で行います。鼓膜は切開しても、前述したように2～3週間で再生されますから心配いりません。聴力はすぐに回復し、難聴が残ることもまずありません」（名古屋先生）

風邪の時に鼻水をかまずにするクセがあると、中耳炎の犯人の細菌が鼻やノドの奥で増殖し、耳管の働きも悪くなるため中耳炎になりやすくなります。エチケットという観点からだけでなく、耳の健康のためにもティッシュできちんと鼻かみをする習慣をつけさせましょう。アレルギー性鼻炎や蓄膿症の治療も確実に。インフルエンザのワクチン接種や、キシリトールガムをかむのも中耳炎の予防に効果があると報告されています。

知らないことを
知ることで世界が変わる！

消防車、新幹線、飛行機など乗り物のしくみや
それを取り巻く、それぞれの仕事場って
いったいどうなっているの？
モロナガ・ヨウさんの絵本は、ふだんは知らない部分を
わかりやすく、詳しく教えてくれます。

モリナガ・ヨウ

［絵本作家］

構成●橋爪玲子

管制塔にのぼりました!!

東京国際空港の"東京タワー"管制塔。その最上階にある、管制室を見学しました。360度がガラス張りになっていて、滑走路や駐機場のすべてが見わたせます。

子どものころに同居していた祖父は、日本画家の模写の職人でした。昭和30年代まで、カラー写真の製版技術はまだまだ未熟で、美術の専門雑誌で掲載する作品は、真作を精密に模写した多色刷り版画で掲載されていました。自宅が祖父の仕事場なので、絵を描く紙はたくさんある環境でした。僕も絵を描くことやモノづくりが好きでプラモデルを作るのに熱中していました。

四六時中絵を描いていた記憶があります。わら半紙を折って自作の漫画本を作ったり、手のかからない子どもだったようです。中学2年生の時には、似顔絵や風刺漫画で人気の山藤章二さんが『週刊朝日』で似顔絵塾を始め、早速、何度も投稿しました。

そんな子ども時代の僕の将来の夢は、絵の仕事につくことでした。だから、高校生の途中までは美大に行くつもりでいたんです。でも高校2年生のときに東海林さだおの『ショージ君の青春記』という作品と出会い、人生が変わりました。その作品は自伝小説で、東海林さんが早稲田大学に入学し、漫画研究会で過ごした青春時代が描かれています。その早稲田大学の漫画研究会に入りたくて仕方なくなったんです。

学生時代から始めたイラスト描きの仕事

実は歴史も好きだったので、社会の先生もいいなあとも思い始めていたんです。「漫研で好きな絵も描けて、歴史の勉強もできるじゃないか」ということで、美大の夢を捨て、1浪後に早稲田大に合格。憧れの漫研に入ることができました。

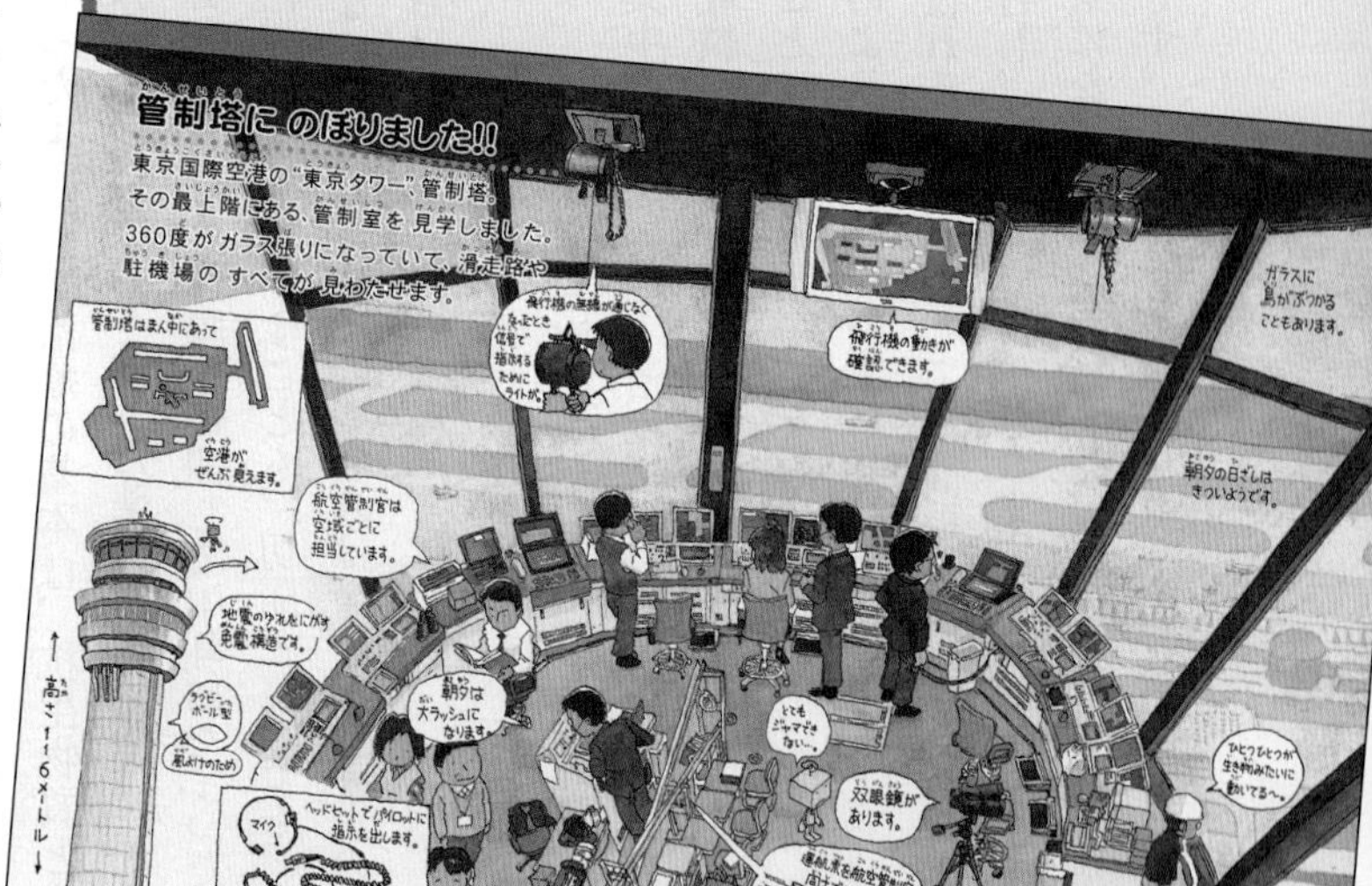

1年生のときに、「六大学漫研対抗」という企画がありました。東京都の甲子園の予選を1コマ漫画で描く。神宮球場に行って、その場で1コマ漫画にすると、そのイラストが新聞に掲載されました。

また、僕の大学生時代はバブル期で、学生が編集プロダクションを運営するような時代でした。出版社から、大学体験記のような記事の仕事を請け負い、学生が作った予備校時代の友人が作ったそこでアルバイトをしていて、絵が描ける僕に声をかけてくれたんです。その絵を見た新聞社の編集の方から声がかかり『ASAHI Weekly』のコラムのカットの仕事をもらうようになりました。実はその編集者さんが「モリナガ・ヨウ」の名づけ親です。

そんな生活をしていた大学2年の時です。家の事情で自分で学費を稼ぐようになりました。普通のバイトとは別に僕ができることは、出版社にイラストを持ち込み、とにかく仕事をもらうことでした。大学は6年がかりで卒業しましたが、気がついたらこの世界にどっぷりつかり、後戻りもできず、今もずっとイラストの仕事で食べて

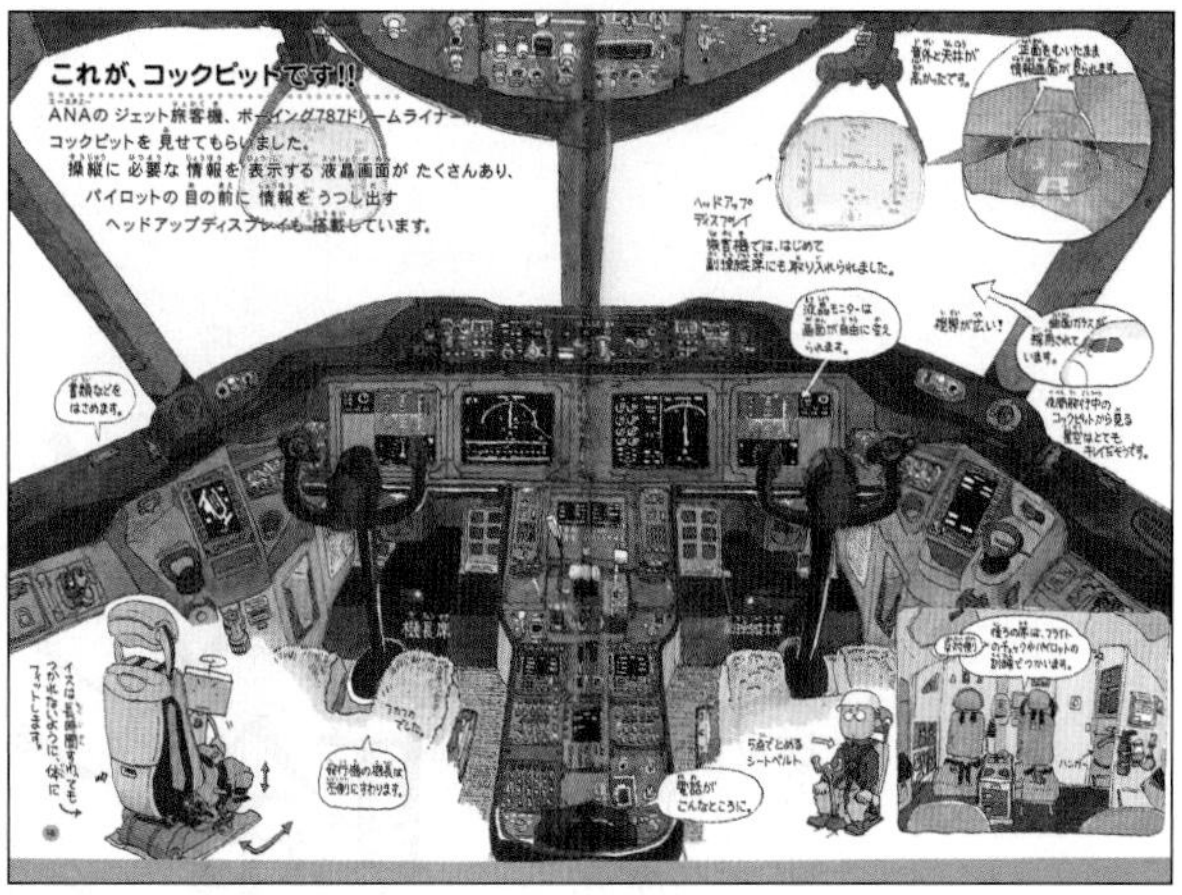

いますね。

90年の大学4年生のときにリクルートから発売されている『じゃらん』で旅行業界に潜入してルポを書く連載を持ちました。ライターさんと一緒に取材し、文章に合わせて絵を描いていくうちに、だんだんイラストを描くだけではなく自分の言葉で文章も書きたくなりました。

そんな思いを実現させてくれたのが、『UターンBeing』（リクルート）の地方で仕事をしようという特集でした。稲刈りや雪かき体験などにいき、文章とイラストを全部自分でまとめる仕事です。『じゃらん』の「東京右往左往」という街ルポと合わせて、それが今の僕の仕事のスタイルにつながっています。

絵本を描くきっかけは、「はたらく車大全集」というケーブル番組に出演していたときに、ナビゲーターとして番組の最後に「モリナガアイ」というコーナーをいただいことです。コメントとともに車をイラストで紹介するんですが、それを見ていた絵本の編集者さんから、「乗り物三部作を出しませんか」という話を頂いたんです。

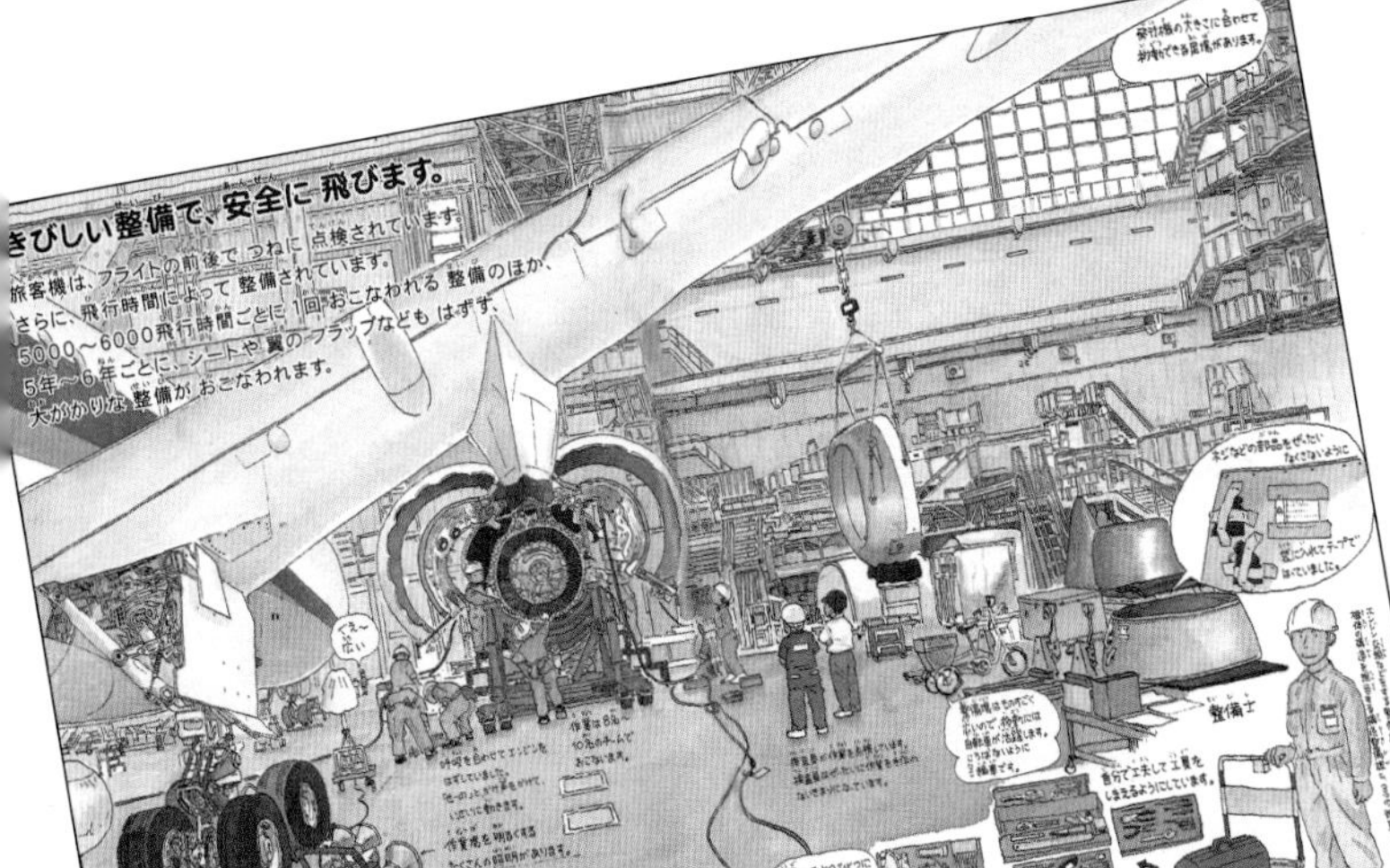

子ども向けの本こそ正確に描かなければ

最新刊の『ジェット機と空港・管制塔』では、飛行機という特別なもので旅に出る出発ロビーの乗客のワクワク感、パイロットの持ち物やコックピットの様子、機体の整備風景などを描いています。各ページごとに空の旅に関係したさまざまな仕事場を徹底的に取材して、図解で伝えました。

僕の絵本の特徴は、徹底した取材に基づく、非常に細かな描写だと言われます。この作風は、図鑑や図解が大好きだった子ども時代の影響だと思います。いま、子ども時代の自分に向かって描いているような感覚があります。

プラモデルで戦車を作るのが好きだったので、いろいろな図解本で戦車を見比べていました。描き手が途中で飽きている絵は、子供のでもわかりますよね。「子ども向けだから、いい加減に描いてもいいや」なんて考えではいけないと思うんです。子ども向けの本こそ、責任を持って正確に描かなきゃいけないと思っています。

僕が面白かったことを追体験して欲しい

『図解絵本 東京スカイツリー』では、わかりやすく比べることを意識しました。たとえば、634メートルもあるタワーを支えるために、マンションの16階分ぐらいが地下に埋まっていることを示したり、高いビルでよく見る赤いランプの航空障害灯はスイカぐらいという比較も、身体感覚として東京スカイツリーの大きさやすごさを感じてもらうためです。タワーの高さがわかるように、いろんなタワーを一カ所に集合させて描いたりもしました。

今まで知らなかったことを知ることは、今まで見てきた世界の見え方を変えることになります。

僕自身、取材するまで知らないものを知ることができるとすごく面白いし、僕が面白かったことを絵本を通して一緒に追体験してもらえるといいですね。

モリナガ・ヨウ
1966年、東京都生まれ。早稲田大学出身。イラストや漫画のほか、立体作品も手がける。主な作品に『モリナガ・ヨウの土木現場に行ってみた』（アスペクト）、『図解絵本 東京スカイツリー』（ポプラ社）、絵本乗り物ひみつルポシリーズの最新刊『ジェット機と空港・管制官』（あかね書房）などがある。

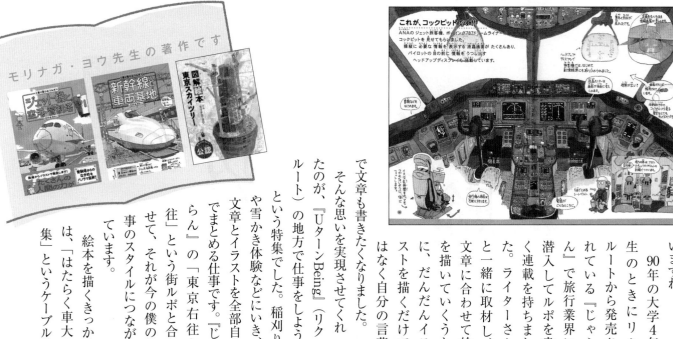

ココロの42 Interview

構成◉橋爪玲子
写真◉越間有紀子

勝負に弱かったから、気象予報士の試験に挑戦！

テレビでおなじみの天達さんは
子どものころから気象予報士を目指していたわけではないそうです。
ある時、気象予報士の試験を受けてみようと思いたち、
それをやり遂げることで、
いまの人生を切り開くことができました。

「子どものころから天気に興味があったの？」とよく聞かれることがあります。実は、天気予報はよく見ていました。なぜかというと、小学校から高校まで、野球をやっていて、明日は晴れて欲しいと毎日、思っていたからです。それなのに雨の予報の日があると、誰か晴れっていってくれないかなと思いながら、いろいろな局のテレビを見たこともあります。

　また、高校生のころは、晴れるかどうかだけでなく、風向きも気になりました。守備位置が外野手だったので、ボールが打ち上げられた瞬間に、この辺に落ちると計算して動くのですが、それには風を読む必要があるんです。だから、いつも風を気にするようになりました。今考えみれば、野球を通じて天気に興味があったのかもしれません。

　子どものころの夢はプロ野球の選手になることだったのですが、それはあきらめて、高校卒業後、デザインの専門学校に進学した後、ファミリーレストランの契約社員になりました。これがまた、天気に関心を深めるきっかけになったんです。

　葉山の海岸沿いの観光地にあった店舗は、お客さんの入りが天気によってかなり左右される場所でした。雨が降ればお客さんは半分、晴れれば2〜3倍。2日くらい前から天気予報をにらみながら、発注や仕込みを調整します。予報が外れると、食材が無駄になったり、料理が足りなくなってしまいます。

　天気はこんなに身近な存在なのに、なぜ正確に予想できないのかと思ったんです。そのうち、「気象予報士」という仕事を知り、お店の仕入れのために役に立ちそうだなと、興味を持ちました。

「気象予報士」の勉強は最初チンプンカンプン

　また、ちょうどそのころ、将来への不安を感じていました。ファミレスで仕事を続けても、いつまでも現場で仕事ができるわけではありません。新しい道を探そうと考え始めていたんです。

　それまでの僕は本当に勝負に弱くて、高校受験も志望校のランクを下げたりしましたし、野球でも「ここぞ」という場面で緊張して、体がガチガチになってしまうんです。あまり、物事をうまくやったという経験がなかったんです。

　だからこそ、何かに挑戦してや

天達武史

[気象予報士]

り遂げたいという気持ちがあったのかもしれません。「気象予報士」に受かれば自分にとって、初めての成功体験になると思いました。今度こそは最後までやろうと決めていました。

でも、いざ勉強を始めると、今まで勉強をしてこなかった僕には、そもそも設問が何を問うているのかすら分からないほど、チンプンカンプンでした。

受験には、主に物理、地理、数学の知識が必要でした。数学なんて、小学校5年生の算数まで遡って勉強しました。大変なことになったと思いながらも、「ここまで下がればもう下はない、あとはここから上がっていくだけだな」と考えることにし頑張りました。

気象予報士の試験は年に2回あります。僕は、7回目でやっと合格できました。途中で「永遠に受からないんじゃないか」と諦めかけたこともありました。

試験に落ち続けて5回目の頃、当時はファミリーレストランの同僚だった妻のアドバイスで、勉強方法をガラリと変えてみたんです。それまでの僕の勉強法は、毎日は勉強時間が取れないので、週末にまとめてガバッと10時間くらい頑張る、というやり方でした。

アピールできるのは「天達」という名前だけ

でも、この勉強法を振り返ってみると、身についているのは最初の2時間程度だったように思います。集中力も続かないし、計画通りに勉強が進みません。翌週になっても、「先週はできなかったな」というストレスから始まります。そして、前週の復習を始めると、5時間くらいかかってしまう。残りの5時間で、最初に計画していた勉強に取りかかるんですが、ものすごく効率が悪かったと思います。

でも、勉強の方法を知っていた妻のアドバイスは、「とにかくお酒を飲んで帰ってきてからでもいいから、10秒でもいいから、毎日机に向かったほうがいいよ」というものでした。

最初は、そんな30分や40分やっても身につくわけはないと思っていたんですが、そのうち仕事前の毎朝9時から10時半くらいまで毎日、図書館で勉強するようになったんです。そうしたら、がぜん集中力がアップし、勉強がはかどったんです。

試験に合格した後もファミレスで働いていました。気象予報士になれて、仕事に役立ったかというと、「この天気予報はもしかしたら、ぶれるかもしれないかな」というさじ加減はわかるようになりましたね。

1年後に、本格的に気象予報士として働くチャンスがやってきました。日本気象協会の仕事の募集があったんです。

採用試験を受けたところ、合格して、2004年4月から働き始めました。テレビでアナウンサーが読む天気予報の原稿を書いたり、新聞の天気図を作ったりすることが仕事でした。ところが僕は当時、まったくパソコンを使えなかったんです。原稿はパソコンで送らなければいけないのに、大変でした。締め切りは近づくし、ずいぶん、周りの人たち助けてもらいました。

05年から、フジテレビ系の朝の番組「とくダネ！」の仕事を始めました。「どくダネ！」に出演する気象予報士の募集が日本気象協会に対してもあり、オーディションを受けたんです。僕がアピールできるところといったら、「天達」イコール「『天』気の『達』人」という名前だけでした。まったく受かるとは思っていませんでしたから、気楽にそんな話をしたら、採用になっちゃったんです。

出演し始めのころは、伝えるべきことをちゃんと伝えられない。生放送だから時間の制約もある。全くカメラの前で話せず、本当に悩みました。

向いていないのでやめようと考えた時期もあります。ここでも周囲のサポートのおかげで、今日まで頑張ってこられたと思います。

気象予報士の試験に受かってから、僕の人生は大きく変わりました。自分には向いていないんじゃないかということもやってきました。でも、自分で決めつけて向い

自分で限界を作って、自分の世界を決めてしまうのは、もったいない

あまたつ たけし　1975年・神奈川県生まれ。2002年に気象予報士資格取得。2004年4月より（財）日本気象協会に所属し、2005年10月からフジテレビ系列の情報番組「とくダネ!」の専属気象予報士として活躍中。

ていないからダメだじゃなくて、周りが判断してくれる部分もあります。自分で限界を作って、自分の世界を決めてしまうのは、もったいないですよね。今、僕は気象予報士になれて本当に良かったと思っています。

天気は、誰にとっても身近な話です。天気の話から会話が始まったりしませんか。挨拶代わりにもなる大事なコミュニケーションのツールです。

空模様には、天気予報のサインがたくさん隠れています。そういうものを知るだけでも、自分のためになって楽しいですよね。たまには親子で空を見上げて話してみるのもいいと思いますよ。

飛行機雲がでていて、なかなか消えなかったら、天気が崩れる前兆だったりします。それは上空の湿気が多くなってきているので、雲が発生しやすく、消えにくくなっているからです。

地球全体どうすべきか次世代に伝えたい

夕焼けだと明日は晴れるといいます。これは春や秋は結構当たります。でも、夏や冬は、あまり当てになりませんよ。

山に傘雲がかかっていたら、天気が崩れる可能性があります。湿気が多くなって雲ができやすい環境になっているからです。

最近、ゲリラ豪雨とか異常気象が増えましたよね。でも、ゲリラ豪雨にも必ず前兆があります。明らかに急に真っ黒い雲がでてきたり、雷が鳴ったりするのも要注意。上空から冷たい風がビューと吹いてきたら、数分後とかに雨が降りだしてきます。防災の意味でも知っておくと役に立ちますよね。

最近、天気は地球温暖化や環境問題なども深く関係していることを痛感します。僕自身も天気だけでなく、地球全体でどうしたらいいのかをわかりやすく噛み砕いて次世代に伝えられるようなに気象予報士になれたらいいなと思ってます。

子どもたちは今
保健室より

保健室は子どもたちにとって大切な居場所です。
そこでは、担任の先生や親の前とは違った顔を見せてくれます。
子どもたちの今を、保健室よりお伝えします。

激しくない体育の授業で脱水症状になるインドア派の4年生の男の子

文◉井上優子・いのうえ・ゆうこ
東京都内の区立小学校で養護教諭
イラスト◉土田菜摘

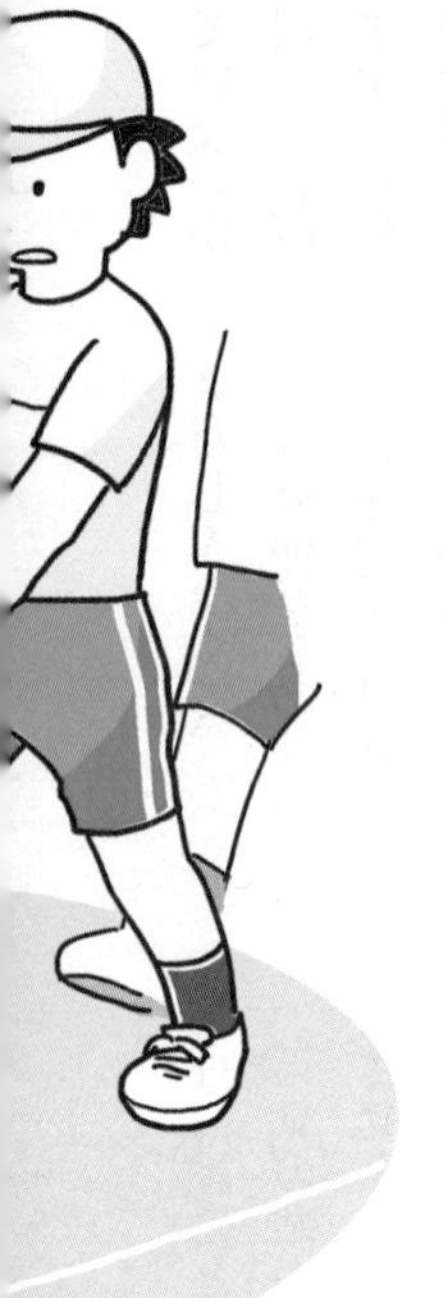

運動会が実施される2学期は体育の授業の運動量が多くなります。ある日の体育の授業の後、保健室は、子どもたちでいっぱいになりました。

「水は飲んだの?」「ううん」「昨日は何時に寝たの?」「12時くらいかな…」「朝ごはんは何を食べた?」「……」

スポーツドリンクを飲ませたり、保冷剤で首や頭を冷やしたり、一人一人の対応に追われます。いずれも簡単な処置で元気になって教室へ戻りますが、睡眠不足や朝食抜きで登校すれば、ちょっとした運動をしただけでも具合が悪くなってしまうということを実感としてわかってほしいし、自分の判断で適切にしっかり水分補給ができるようになってほしいとも思います。

4年生の智史が、2時間目終了後の中休みに頭痛を訴えて来室しました。

「いつから頭が痛いの?」「50m走のあと歩いていて」「いま体育が終わったところ?」「ううん体育は1時間目」「じゃあ2時間目はどうしてたの?元気だったの?」「2時間目も痛かったけど我慢してた…」「お水は?」「飲んでない」「体育のあとは、のどが渇いてなくても水を飲まなきゃダメよ」

体温は36.1℃ですが顔色が少し悪いので、スポーツドリンクを飲ませてベッドで休ませることにしました。

智史は筋金入りのインドア派です。学校では、休み時間には外遊びをして体力をつけようと全体に呼びかけていますが、智史はいつも図書室や相談室で過ごしています。肥満気味で階段を上り下りするのも嫌がり、教室から離れた1階の保健室には登下校のついでに寄るという徹底ぶり。季節を感じさせない色白の肌を見ると「夏休みは家でゲーム三昧だったのかな…」と心配になります。

ココロとカラダの特集

親と子の 悩み相談コーナー

子育てに悩みはつきもの。
日々、子どもと接しながら、親として迷ってしまうのは当然のことです。
そんな時のヒントになるように、専門家にアドバイスを聞きました。

写真◉越間有紀子

相談1 アスペルガー障害という言葉を最近よく聞くのですが、どういうものなのでしょうか?

アスペルガー障害(アスペルガー症候群)とは、脳の働きのアンバランスによって生じる発達障害の1つであり、最近では「自閉症スペクトラム」とも呼ばれています。また、脳機能の障害が広範囲に及ぶことから「広汎性発達障害」と言われることもあります。

以下のような3つの特徴があります。

①社会性の障害:対人関係が苦手、他人への関心が乏しい、視線が合わない、他人への共感性が乏しいなど。

②コミュニケーションの障害:言葉の使い方が不自然さやぎこちなさを感じる、言葉を字義通りに解釈する(冗談が通じない)、非言語的コミュニケーションに問題がある(表情や姿勢が単調だったり不自然)など。

的場永紋
まとば・えいもん
臨床心理士。東京都スクールカウンセラー。草加市立病院小児科、越谷心理支援センターでも心理相談を行っている。

20分ほど眠っていた智史を、そろそろ起こそうと声をかけました。「どう?気分はよくなった?」「う〜ん…まだ…」「どこが具合悪い?」「なんか…手がしびれる…」「え!?しびれる?」

智史はしゃべりながらも眠そうに布団に倒れこみます。どう考えても普通ではありません。急いで保護者に連絡し、校医の病院へタクシーで向かいました。

結局、智史は脱水症状ということで点滴を受け、しばらく眠ってから帰宅しました。病院で保護者から話を聞くと、前の晩に帰りが遅くなった父親を待って夜更かししていたこと、朝は寝坊してドーナツ1つを食べただけで登校したことなどがわかりました。

学校に戻り担任に報告したところ、「体育の授業中には、給水タイムで必ず全員に水分補給させてるし、全体への指示は日陰に集合させてするようにしたから大丈夫だと思ったんですよね…」「そうよね。1時間目だし、運動量って言っても50m走のタイムをはかっただけだもんね」「あの程度で調子が悪くなるなら、ソーランの練習なんかできないなあ」担任は頭を抱えてしまいました。

炎天下に何時間もハードな運動をしたり、練習の最中に水を飲んだらバテるから飲むなと言われたりした昔の私たちの常識は、現代では信じられない危険なものだったとは思います。しかし、熱中症の危険や紫外線の影響を心配するあまり、せっかくの夏休みに外遊びをまったくせず涼しい室内でずっと過ごしていては、体が暑さに慣れることはないでしょう。

脱水症状になりやすい子どもが激増した背景には、子どもたちの体力の低下も関係しているのではないかと、職員室で話し合いました。子どもたちが積極的に体を鍛えてくれるように、運動する楽しさを感じるような指導をしていかなければならないと感じました。

③想像力の障害、こだわり：目に見えないものを思い浮かべることが苦手、新奇場面が苦手、切り替えがすぐにできない、決まりきったパターンを好むなど。

知的な遅れ（知的障害）はなく、成績優秀であることも稀ではありません。優れた知的能力を持ち、ある専門分野で才能を発揮する人も多くいます。天才・偉人たちの中にもアスペルガー障害ではないかと考えられている人がいます。最近では当事者の体験談や活躍されている人の本が多数出ています。

一定のパターンを繰り返す課題や、集中して一人でできる課題など本人にとって好きなことでは力を発揮しますが、対人接触が求められたり、臨機応変さが求められる課題は向いていません。早期にアスペルガー障害に気づき、その子に合った適切な指導や教育をしていくことが大切です。

相談2

自分自身が親との関係が悪かったため、小学5年のわが子と仲良くしたいのですが、うまくいきません

親自身が子どものときに親との関係で葛藤や悩みがあり、それが未解決の場合、今度は自分が親になった時に、同じような葛藤や悩みが子どもとの間で生じることがあります。

これを「世代間伝達」といいます。つまり、親との未解決の問題や葛藤が、子の世代に引き継がれていくのです。子どもと親との関係が問題だと思っていたら、実は、親とその親との葛藤が背景にあったということは珍しくありません。

例えば、自分は親から何もさせてもらえず、期待も注目もしてもらえなかったから、わが子には自分ができなかった好きなことを全てやらせてあげようという親がいます。

しかし、その人が自分自身の親への反発心が強すぎると、最も大事にしようとしていたはずの子どもの意志や想いが見えなくなってしまうことがあります。親の想いだけが先行し、結果として子どもではなく、親自身が望んでいることをやらせている。これでは本末転倒です。「私の好きなようにさせてよ」という叫び声を聞き、はっと我に返ることがあるかもしれません。

「世代間伝達」は、食い止めて、乗り越えていくことができます。まずは、親としての自分が、子どもにとってどのような存在（関係性）になっているのかを見つめること。そして、自分の親との葛藤が再現されそうになっていることに気づくことが大切です。気づくことができれば、それとは異なる行動が取れるはずです。改めて、親目線ではなく、子ども目線に立って、共に楽しむスタンスが取れるといいですね。

レッツ

何でもトライ

11

アフリカの楽器を作ってみよう！

身近な物でも
楽器は作れるよ。
生活の知恵を学びました！

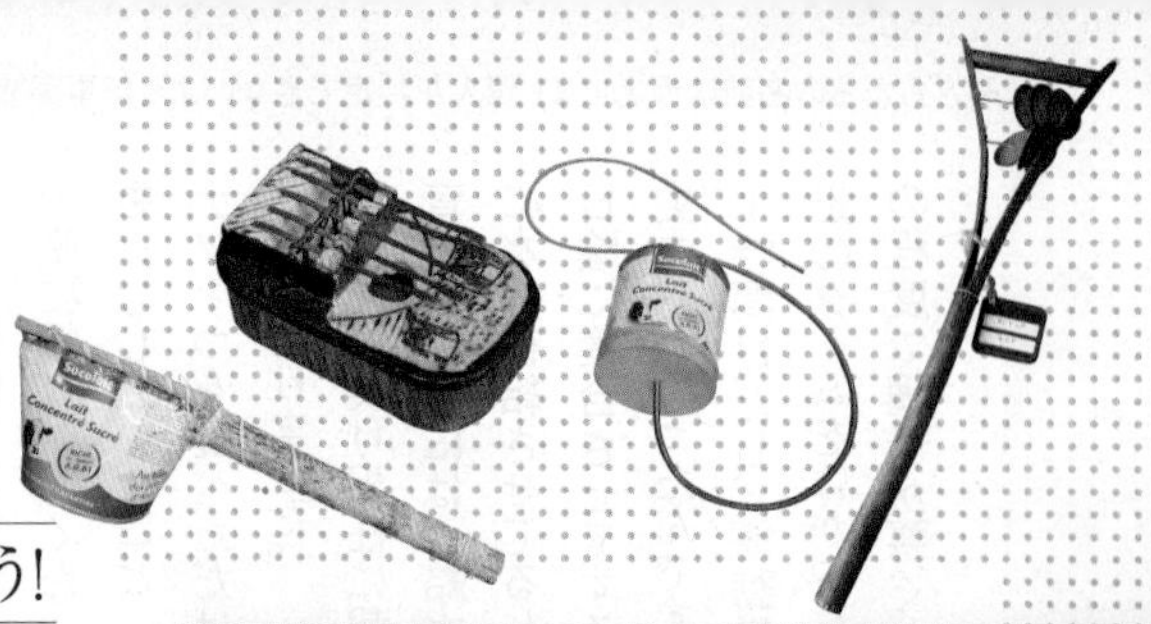

**学校の音楽の授業では、
いろいろな楽器を習います。
といっても世界には、まだまだ、
知らない楽しい楽器が、たくさんあります。
そのひとつ、アフリカの楽器「マニャンガ」を作りました。**

写真◉越間有紀子

アフリカの楽器「マニャンガ」を作ります。材料はホース、ハンガーのワイヤー、ビンの蓋。さあ挑戦！トンカチで蓋を平らにして穴を開けるよ。

楽器音当てクイズ。音を聴いてどの楽器が奏でる音か皆で考えます。サラサラと雨のような音を奏でるのはチリの楽器「レインスティック」だよ！

簡単に作れたよ！
カチャカチャ
音がするよ！

兄弟も、親御さんも真剣な眼差し。上手にできるかな。

最後は好きな色のビニールテープを巻いたらでき上がり！

音を出さなくても遊べるよ！
仮面みたいでしょ？？

「あーすぷらざ」は世界の文化や暮らしについて体験でき、考えることができる施設です。様々な展示の他、映像ライブラリーもあります。

参加の申し込み、問い合わせ
神奈川県立地球市民かながわプラザ(あーすぷらざ)
〒247-0007 横浜市栄区小菅ケ谷1−2−1
TEL：045-896-2121(代表) http://www.earthplaza.jp/

鷗《おう》友《ゆう》学《がく》園《えん》女《じょ》子《し》中学校

鷗友学園が目指す“グローバル化”とは

〝グローバル化〟とひと口に言っても、その考え方は様々です。かねてから英語教育に定評がある鷗友学園女子中学校が目指す〝グローバル化〟について、吉野明校長先生にお伺いしました。

School Data

Address	東京都世田谷区宮坂1-5-30
Tel	03-3420-0136
Access	東急世田谷線「宮の坂」徒歩4分、小田急線「経堂」徒歩8分
URL	http://www.ohyu.jp/

吉野《よしの》明《あきら》 校長先生

今、教育界では〝グローバル化〟が大きなテーマになっています。

そのなかで様々な動きがありますが、文部科学省が言っているグローバル化とは、「国際社会のなかで、より戦える人材が欲しい」という企業からの要請に応えられるような人材を学生のうちから育てる、という意味です。

しかし、本校が考えるグローバル化とはそういうことではありません。もっと草の根的なものです。

例えば国境線があったとしても、その国境線を超えた人と人とのつながり、関係性を大切にする。そのために、国籍や文化が違っても、きちんとコミュニケーションをとり、相手のことを理解し、自分の考え方も伝えていく。そして、お互いの立場が分かったうえで、多少の葛藤、ぶつかりあいがあったとしても、それを乗り越えて、新しいものを一緒につくっていけるような人材を育成することが〝グローバル化〟、〝グローバル教育〟だと考えているのです。

これまで、本校は高らかにグローバル化を掲げてはいませんでしたが、こうした人材を育てるための教育はずっと行ってきました。

具体的にお話ししますと、30数年前から「カウンセリング」、10数年前から「エンカウンター」、そして今年からは「アサーション」というプログラムを取り入れています。

中1段階から3つのプログラムを実施するなかで、人の話を聞き、理解し、自分の考えを相手にきちんと、しかも相手の気持ちを考えながら伝える力を養います。人間関係をきっちりと結ぶことがまず国際化の第1歩ではないでしょうか。

語学力もしっかりと身につける

もちろん語学力も身につけていきます。本校では中1からオールイングリッシュの授業をずっと行っています。中学3年間で１００万語読むことを目標に、原文の童話や絵本を手に取るところからスタートします。生徒たちは、共通語としての英語を「好きで、面白い」という気持ちで学んでくれているので、そうして養った語学力を海外でも使えるようになってくれればいいですね。

実践的に英語を使う場も用意しています。ひとつは、昨年から参加している韓国のハナ高校で行われている国際シンポジウムです。中国・韓国・シンガポールなどの高校生と、あるテーマのもとでディスカッションなどをするプログラムです。ほかにも、アメリカ留学や、別の国への短期留学などの態勢もこれから整えていく予定です。さらに、できるだけ多くの生徒にそういった場を経験させてあげたいという考えから、国内でも秋田の国際教養大訪問など、留学生がたくさんいたり、日常的に英語を体験できる環境を用意しています。

鷗友学園女子は、これまでどおり、人と人との関係づくりがしっかりとできる女性を育てながら、その土台のもとで語学力を身につける〝グローバル化〟を進めていきます。

生徒は楽しみながら英語の多読を進めていきます

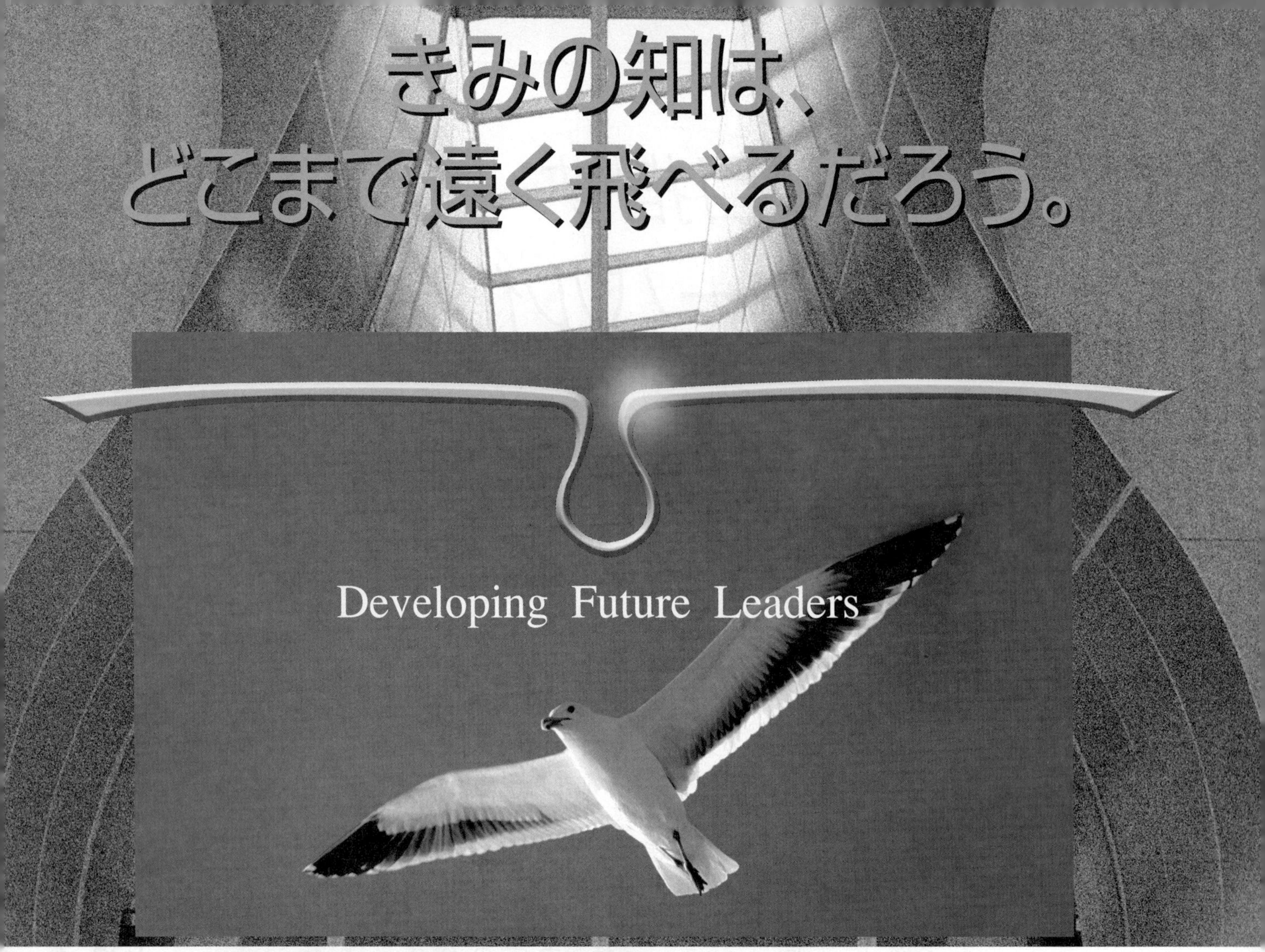

きみの知は、
どこまで遠く飛べるだろう。
Developing Future Leaders

募集定員160名〔中高一貫〕

新設 グローバルエリート(GE)クラス

学校説明会

11月 9日(土) 10：00～12：00

［入試問題解説会］ 入試過去問題を用いた説明をいたします。

12月14日(土) 10：00～12：00

［入試問題解説会］ 入試過去問題を用いた説明をいたします。
11／9と同じ内容です。

小学校4・5年生対象説明会(体験授業)

12月14日(土) 13：30～15：30

※説明会のほかに体験授業があります。

予約不要・スクールバス有り ※詳しくはホームページをご覧下さい。

平成26年度 募集要項

	第1回		第2回		第3回	第4回
試験日	1月10日(金)		1月11日(土)		1月17日(金)	2月4日(火)
	午前	午後	午前	午後	午後	午前
入試種別	グローバルスタンダード(GS)	グローバルエリート(GE)	グローバルスタンダード(GS)	グローバルエリート(GE)	グローバルエリート(GE)	グローバルエリート(GE)
募集定員	160名(グローバルスタンダード128名・グローバルエリート32名)					
試験科目	4科	2科・4科	4科	4科	4科	4科

※グローバルエリート(GE)から、グローバルスタンダード(GS)へのスライド合格あり。
※2科(国語・算数)、4科(国語・算数・社会・理科)

春日部共栄中学校

〒344-0037 埼玉県春日部市上大増新田213
電話048-737-7611㈹ Fax048-737-8093
春日部駅西口よりスクールバス約10分 ホームページアドレス http://www.k-kyoei.ed.jp

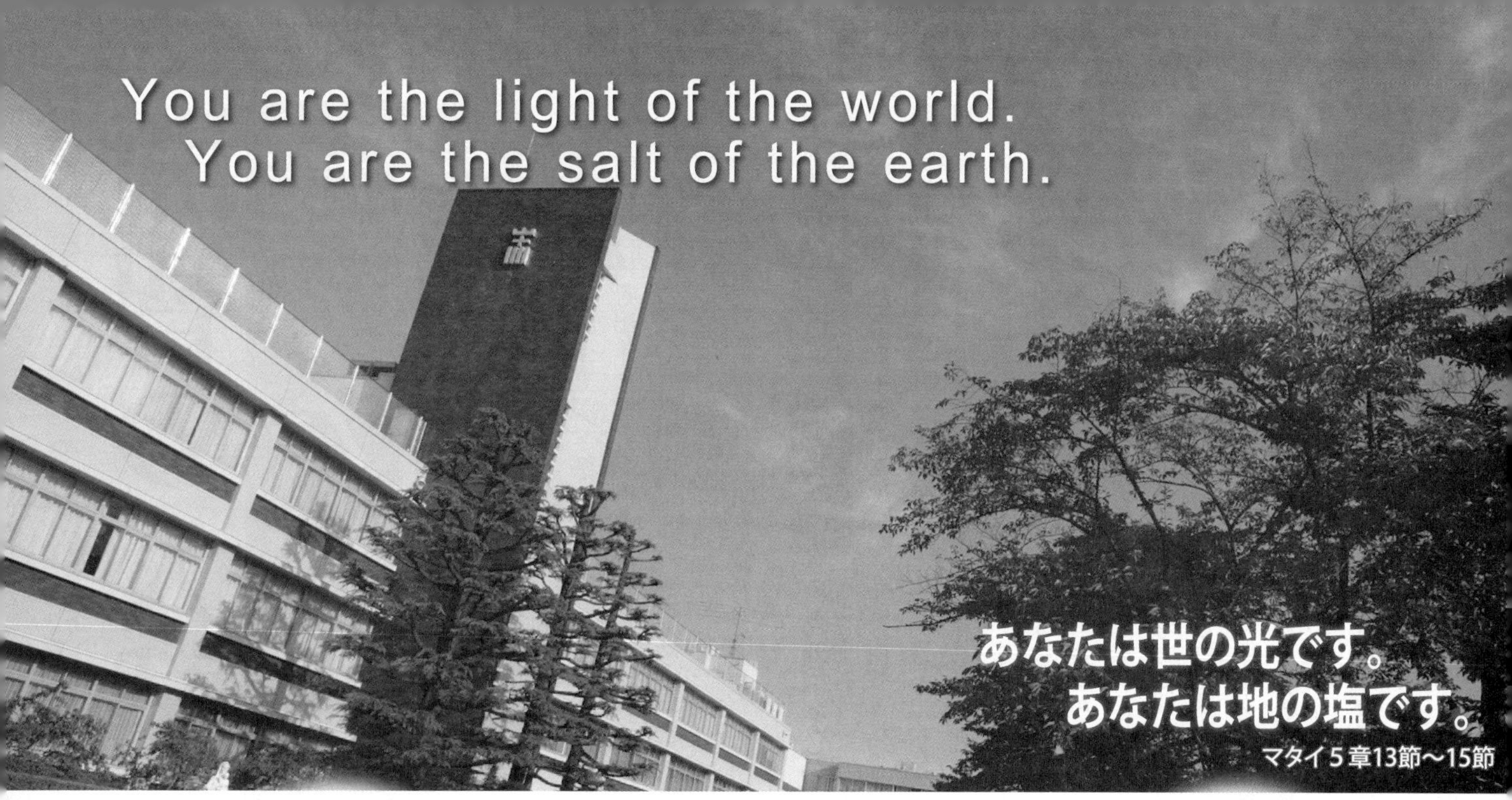
You are the light of the world.
You are the salt of the earth.
あなたは世の光です。
あなたは地の塩です。
マタイ５章13節〜15節

そのままのあなたがすばらしい

入試説明会

［本学院］ ※申込不要

11.17（日）
14：00〜15：30
終了後 校内見学（〜16：00）

校内見学会

［本学院］ ※申込必要

11. 2（土） 10：30〜11：00（その後ミニ説明会、DVDによる学校紹介〜12：00）

1. 7（火） 10：30〜11：00（その後ミニ説明会、DVDによる学校紹介〜12：00）
＊6年生対象

1.18（土） 10：30〜11：00（その後ミニ説明会、DVDによる学校紹介〜12：00）
＊6年生対象

2.15（土） 10：30〜11：00（その後ミニ説明会、DVDによる学校紹介〜12：00）
＊5年生以下対象

【申込方法】
電話で「希望日」「氏名」「参加人数」をお知らせください。

過去問説明会

［本学院］ ※申込必要

11.30（土）
● 6年生対象
14：00〜16：00（申込締切 11/20）

【申込方法】

ハガキに「過去問説明会参加希望」「受験生氏名（ふりがな付）」「学年」「住所」「電話番号」、保護者も出席の場合は「保護者参加人数」を記入し、光塩女子学院広報係宛にお送りください。後日受講票をお送りいたします。

2014 年度入試要項

募集人員	第1回 約60名	第2回 約30名（総合型約10名含む）	
試験日	2月2日（日）	2月4日（火）	
入試科目	4科/面接	【4科型】4科/面接	【総合型】国語・算数 総合/面接
合格発表	2月2日（日）	2月5日（水）	

2/4（火）に総合型入試を実施いたします

光塩女子学院中等科

〒166-0003 東京都杉並区高円寺南2-33-28 tel.03-3315-1911（代表） http://www.koen-ejh.ed.jp/
交通…JR「高円寺駅」下車南口徒歩12分／東京メトロ丸の内線「東高円寺駅」下車徒歩7分／「新高円寺駅」下車徒歩10分

開智の入試

様々な傾向や難易度があり最難関併願校としても最適

今年、東大・国公立医学部に現役で計19名（中高一貫部の卒業生245名中）の合格を出すなど、開智中学・高等学校は埼玉の私学で№１の大学進学実績を出し注目されています。そこで、今回は開智の特徴ある入試について紹介したいと思います。

先端創造クラスと一貫クラス

先端A、先端B入試は主に先端創造クラスの募集を行う入試で、第1回、第2回入試は一貫クラスの募集を行う入試です。先端創造クラスは、新しい学びの創造を目指して、四年前に作られたクラスです。既存の学びに加えて、自ら学ぶ姿勢を最大限に生かせるような、学びあいや作業型学習といった先端的な授業が展開されています。

一貫クラスは、既存の学びの最高峰をめざし、生きた知識や考え方を着実に積み上げ、高度な応用力を養う授業が展開されています。今までの開智の大学合格の実績は、すべてこの一貫クラスから出ています。

各回の入試の特徴

開智では、先端A、第1回、第2回、先端B（実施順）と、問題などの傾向や難易度の違う合計4回の入試を実施しています。それぞれの入試の特徴は次のようになっています。

・先端A入試…1月10日（金）実施

最初に行われる先端A入試は、深い思考力を問うような問題や、長い文章を解く力が求められる記述問題など、質の高い問題が多く出題され、都内の御三家など、最難関校併願者向けのレベルとなっています。本年から募集定員を増やしており、**特待合格は昨年並みに発表**し、それに加えて一般の合格も特待生と同程度の合格者数を発表する見込みです。

・第1回入試…1月11日（土）実施

第1回入試は、都内難関上位校併願者向けの問題レベルとなっています。また、先端A入試で健闘はしたものの、惜しく

■学校説明会・行事日程

	日程	時間	バス運行（東岩槻駅北口より）
学校説明会	10/19(土)	13:30～15:00	往路 12:45～13:45 復路 15:00～16:10
	11/9(土)	10:00～11:30	往路 9:15～10:15 復路 11:40～12:40
入試問題説明会	12/7(土)	14:00～15:30（入試問題説明） 15:30～16:10（教育内容説明）	往路 13:00～14:15 復路 15:20～16:50

※すべての説明会、行事に予約は必要ありません。なるべく上履きをご持参ください。

■入試日程

	日程	会場		集合時間	合格発表
先端A	1/10(金)	本校	さいたま新都心	午前8時30分	試験当日　午後10時 （インターネット） ＊掲示は試験翌日の 午前10時～午後8時
第1回	1/11(土)	本校	さいたま新都心		
第2回	1/12(日)	本校	さいたま新都心		
先端B	1/23(木)	本校			

も合格点に達しない場合、第1回を受験すれば、先端Aの点数を参考にして合格を出すという優遇措置を本年より実施します。先端Aとセットで受験することで、より合格の可能性が広がります。

・第2回入試…1月12日（日）実施

第2回入試は、記述問題がやや少なめで、問題の難易度としては標準的なものとなっています。開智を第一志望と位置づける受験生には一番適した入試といえます。

・先端B入試…1月23日（木）実施

先端創造クラスの募集を行う先端B入試は、都内難関上位校併願者向けの問題レベルで、先端A入試よりも解きやすい問題が多く出されます。なお、最終回となる先端B入試は、少し特徴的な合否判定も行っています。①先端創造クラスだけでなく、一貫クラスへのスライド合格判定も行います…先端創造クラスへの合格点に達しない場合でも、一貫クラスへは合格することがあります。②他の回の入試結果も参考にします…先端B入試で合格点に達していなくても、その他の回を受験し、基準点に達していれば、合格となります。

溜剛校長は「開智に合格したいという受験生は、この先端B入試をぜひ受験してください。例年繰り上げ合格者もこの入試から出しています。また、先端A入試も、受験することでその後の合格のチャンスが広がるのでおすすめです。」と言っています。

最難関併願校として最適な開智の入試

開智の入試には毎年多くの受験生が受験していますが、開智を第一志望としている受験生の他に、他校との併願者も多く受験しています。これは、開智の入試が、併願者にも様々なメリットがあるためです。そこで、次に他校との併願者にとっても受験しやすい点を紹介します。

1．入学手続きは2月10日まで

開智中学の入試では、どの回で合格した場合でも、予納金などを納入する必要はなく、2月10日が入学手続きの締め切り日となっています。

2．得点通知により実力をチェック

どの回の入試でも、申込み時に希望すれば、得点とおよその順位を知ることができます。これによって、受験生のその時点での学習内容の到達度や弱点を確認することができます。

3．リーズナブルな受験料

受験料については、2万円で3回まで受験することができ、2万5千円で4回すべてを受験することができます。さらに、姉妹校である開智未来中学（**1月10、11、12日は、午後に開智中学校およびさいたま新都心でも入試を実施**）へ出願する場合、合計の受験料は3万円で、両校合わせて8回の入試を受けることができます。リーズナブルな受験料で、基本的な問題からハイレベルな問題まで、様々な入試問題に触れることができます。

4．入学金が不要

開智は入学する場合でも入学金が不要です。入学手続きの際には、授業料に充当する納入金が必要ですが、これも、3月31日までに入学を辞退した場合には全額が返金されるので、併願校として経済的にも安心して受験することができます。また、初年度納入金は638、000円と首都圏の私立中学で4番目の安さとなっています。

5．アクセスの良い受験会場

4回の受験のうち、先端A、第1回、第2回の3回は開智中学校の他にさいたま新都心でも入試を行います。埼玉県内だけでなく、県外からも受験しやすくなっています。

6．外部進学制度

入試とは直接関係はありませんが、開智には高校への外部進学制度があります。これは、中学3年次に、開成高校や筑波大附属、早慶系列校など、指定された高校を受験し、もし不合格であった場合でも開智高校中高一貫部に進学できる制度です。

様々な個性が磨かれ最難関大学へ合格

開智では、様々な個性を持った受験生が入学できるようにしたいという考えから、このように問題の傾向や難易度の違う入試を行っています。そして、入学した様々な個性は6年間かけてさらに磨かれ、東大や早慶などの最難関大学へ羽ばたいていきます。

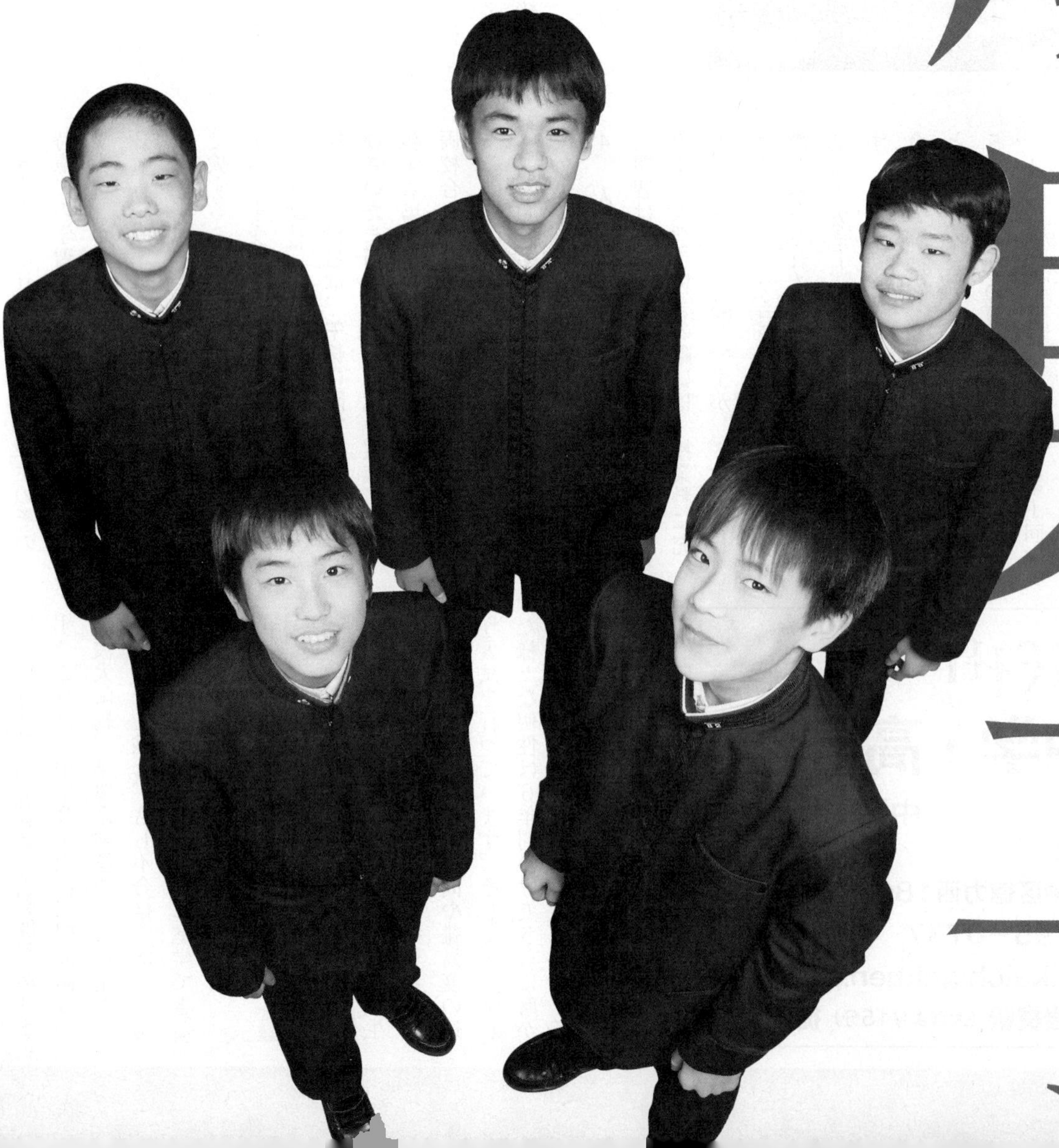

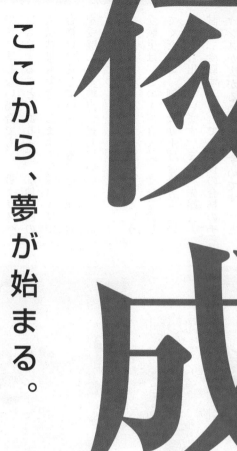

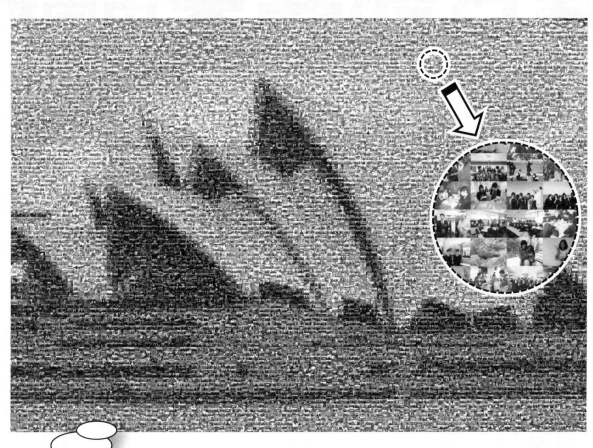

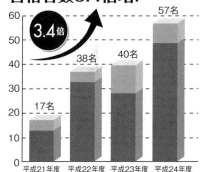

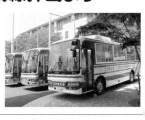

春日部共栄中学校

中学3年生全員が
世界のリーダーを目指して1カ月間のカナダ語学研修

教育理念「この国で、世界のリーダーを育てたい」を掲げ、最高レベルの学力はもとより、これからの世界のトップに立って活躍しうる目的意識と、素養と、対案力と、そしてなによりも人間力を兼ね備えた新しいタイプのリーダーの養成を目指す春日部共栄中学校・高等学校。今年卒業の第5期生（116名）からは、国公立大や医療系大へ多数の現役合格者を輩出しました。そんな春日部共栄では、中3生全員参加による1カ月間のカナダ語学研修プログラムを実施し、さらにその教育を充実させています。

平成26年度よりグローバルエリートクラス新設

優秀な大学進学実績を残す春日部共栄高等学校のもとに開校した、春日部共栄中学校。早いもので、今春、第5期生が高校を卒業しました。

第1期生の大学進学では、国公立大学に13名の合格者を出しました。第2期生では、2名の東大合格者を輩出。第3期生は東大・京大を筆頭に、難関国公立大学に28名、早慶上理にも28名の合格者を出しました。まさに、春日部共栄の中高一貫教育の優秀さが実証された結果といってよいでしょう。

そんな春日部共栄中学校では、開校以来の理念を実現するため、来年度よりグローバルエリート（GE）クラスを新設します。

同校の学習指導は、ムダを省き、有機的に再構築した独自のカリキュラムによって進められ、6年次を大学受験準備にあてることを可能にしています。また、5年次で志望別に理系と文系に分かれますが、基本5教科はセンター試験に対応した指導を展開するとともに、海外名門大への進学に対応しているのも、春日部共栄らしさの現れです。

シャドーイング重視国際標準の英語力を

「世界のリーダー」を目指すには、しっかりした英語力が不可欠です。毎朝授業

SCHOOL TOPICS

異文化体験 in CANADA

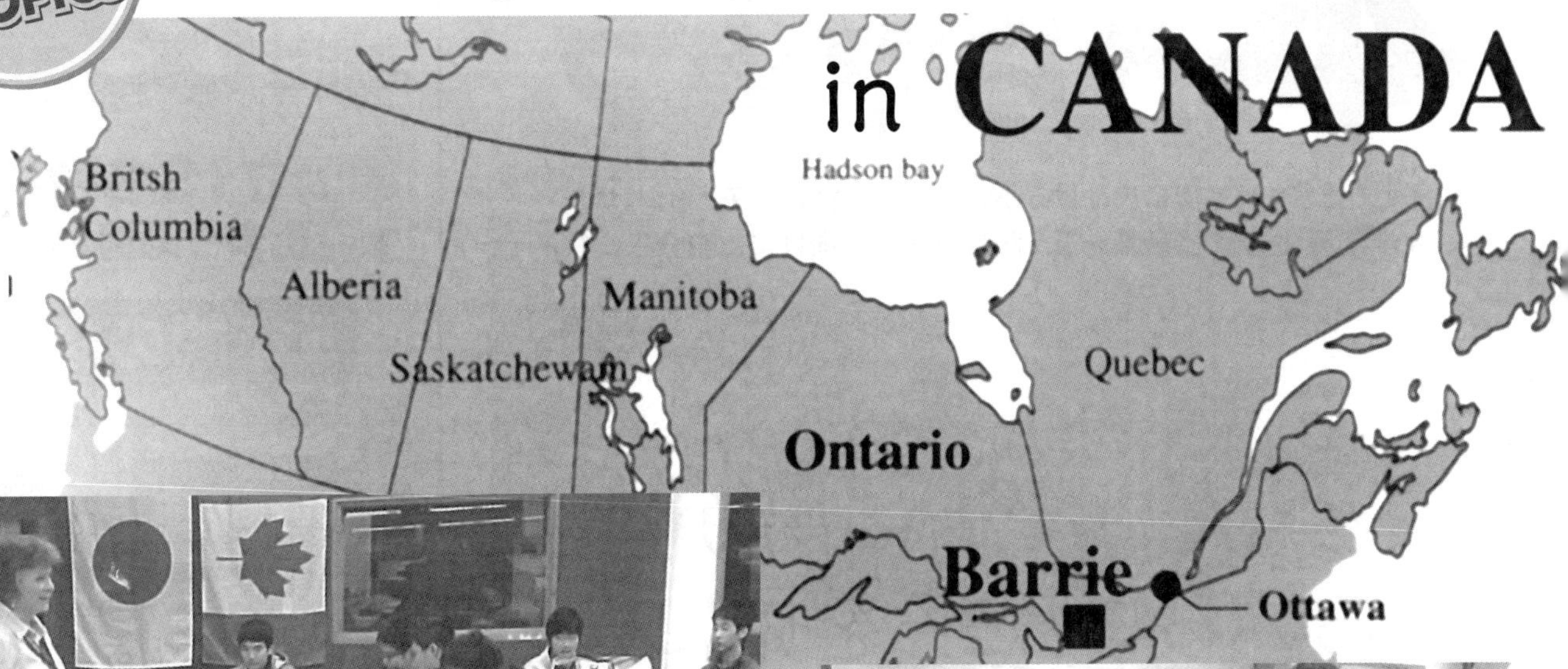

前の朝学習では、リスニングの力を養います。さらに、単語速習から暗唱コンテスト、英文法、英作文指導へと発展的に実力を磨きます。

　また、海外の大学進学も視野に入れ、受験英語の読解力や文法知識の理解と習得、さらにはコミュニケーションの手段として英語を使いこなせるようプレゼンテーション能力に磨きをかけています。そのほか海外の書物を多読することで英語圏の文化的背景までを身につけます。高度な留学英語検定にも挑戦、海外の大学でも通用する英語力を培います。

中学3年生全員参加のカナダ語学研修とは

　中1からスタートした英語学習の集大成が、1カ月間の「カナダ語学研修」です。2007年から希望者で始められたカナダ語学研修ですが、2009年度からは、中学3年生全員参加となりました。

　留学先としてカナダが選ばれたのは、アメリカと同様、多民族国家でありながら治安が保たれ、豊かな自然と高い教育水準を有することによるもの。滞在先のカナダ・オンタリオ州のバリー市で、生徒は、ひと家庭にふたりずつホームステイし、現地の学校に通学します。研修中は、引率の教師陣が注意深く生徒を見守ってくれるので安心です。

　語学の授業以外は現地の子どもたちと同じ授業に参加。欧米流の自分の意見を求められる授業形式に慣れるには、多少の時間を要しますが、日がたつにつれ堂々と英語で発言できるようになるとのことです。

　また、毎年、折り紙、けん玉、福笑い、紙芝居などの日本文化をプレゼンテーションし、現地の生徒の人気を博しています。

　勉強だけでなく、放課後や休日にはスキーなどでカナダの大自然を満喫することも可能です。昨年は、全員でナイアガラの滝に行き、自然の雄大さを肌で感じてきました。

　研修の最後には、到達度テストを実施。また、個々の研修体験を英語でプレゼンテーションします。

　1カ月間、英語漬けの毎日を送ると、さすがに英語力は格段に向上。これをきっかけとし、さらなる語学力アップに、誓いを新たにする生徒も多いようです。生徒がひと回りたくましくなって帰って来るのも、この研修の大きな成果といえます。

　全員参加によるカナダ語学研修で、多くの「世界のリーダー」誕生が予感される春日部共栄中学校です。

春日部共栄中学校

埼玉県春日部市上大増新田213
東武スカイツリーライン・野田線「春日部」
バス10分
生徒数　男子208名
　　　　女子147名
電話　048—737—7611

大人も子どもも

本からマナブ

子どもたちだけで街に出かける小さな冒険の物語を子ども向けに、大学卒業生の就職事情を扱った書籍を大人向けにご紹介します。

BOOKS COLLECTION 37

子どもだけで街に出かけ いろいろなところを見にいく

子ども向け

『行ってきまぁす！』

升井 純子 著
講談社
1,300円+税

この本の主人公「歩美」は小学校４年生になったばかりの女の子です。歩美がずっと楽しみにしていたのは、子どもたちだけでバスや地下鉄に乗り、様々なスポットを訪れ、スタンプを集める『ノルミル』でした。

『ノルミル』は乗り物に「乗り」、いろいろ「見る」ことから名づけられたラリーです。

４年生の友だちだけで出かけますが、最初から、トラブル発生。友だちのひとりと地下鉄のなかではぐれてしまったり、親切なお姉さんだと思った人が、実はそうではなかったり。

『ノルミル』を歩美たちが行いながら、そこで出会う人々との会話や、友人同士が力を合わせていくようすも楽しいものがあります。

このラリーを繰り返すなかで、歩美も友だちも、少しずつ成長していくようです。友だちの気持ちが、前より分かるようになったり、人への思いやりの心が芽生えてきたり。

やや長いお話ですが、14の章から成り立っていて、ひとつずつ話題が違っていますので、読みやすいと思います。さあ、みなさんも『ノルミル』をこの本で経験してみましょう。

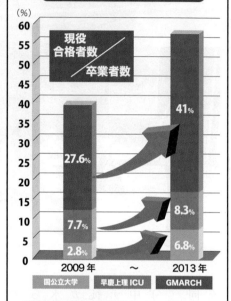

意外に知られていない大学卒業生の就職事情

大人向け

『就職に強い大学・学部』

海老原 嗣生 著
朝日新書
720円＋税

長引く不況もあって、大学生の就職氷河期ともいわれています。大学は出たけれど、希望する会社に入れないという状況が常態化しているようです。

その、大学卒業生の就職事情について、詳細なデータを基に、実情を分析したのが本書です。書名だけを見ると「○○大学の△△学部が就職に強い」というような内容が展開されているようにも思えます。しかし、そういう本ではありません。

大学教育が、就職するためのものではないことは当然のこととらえ、なおかつ、長い人生における職業生活を選択する機会としての新卒就職に焦点をあてて実態を伝える内容です。

大学生の就職活動の熾烈《しれつ》さは、本書でも述べられているとおり、本人の希望する大手企業に入社できるのは、わずか10%程度のみ。学生の圧倒的多数にあたる3分の2が中堅中小企業に就職している事実を著者は強調します。そして、これは、好不況にかかわりないことだといいます。さらに、大手企業を「人気上位100社」にしぼって見てみると、採用者数は、卒業生の5%にも満たないといいます。

就職事情をめぐって、マスコミや世間で言われる「常識」に誤りがあることも指摘しています。特に、就職率に関しての数字的な目くらましがあることを著者は問題提起しています。

どのように就職戦線を勝ち抜くかというノウハウ書ではなく、現実に就職の状況がどうなっているのかを説明する内容です。正しく状況を認識することで、就職への対応ができるのではないでしょうか。

共栄学園 中学高等学校 一貫コース

共栄学園中学高等学校は、「知・徳・体」の調和がとれた全人的な人間育成を目標とする男女共学中高6ヶ年一貫コースを擁する進学校です。京成本線お花茶屋駅徒歩3分という交通至便な立地で、日暮里・北千住などのターミナル駅にほど近い、東京・埼玉・千葉を通学圏とする都市型学園です。今年、創立76周年を迎え、中高一貫男女共学進学校として広く認知され、進学実績も急上昇し、活力あふれる進学校として邁進しています。「特進クラス」「進学クラス」のコース別募集を行い、特進クラスの入試では、「特進・特待入試」を実施。学力に応じて入学手続き時納入金と最大6年間の授業料・施設維持費のおよそ300万円が免除される、スーパー6ヶ年学力特待生制度を実施しています。

文武両道をモットーに躍進する活力あふれる進学校

6年後に目指すは、3ランクUPの進路実現

入学時の学力を6年間かけて、「3ランク」上の大学への現役合格を目標に、教科指導、進路指導を行います。大学入試に必要な教科の授業数を多く確保し、無理なく単位を修得し、高3では、入試科目を中心にした授業を展開し、3ランクUPの大学合格を可能にしています。

本年度も、東京工業大学、東京学芸大学、首都大学東京、東京理科大学、明治大学、立教大学、青山学院大学などの難関大学へ現役合格し、80％の大学進学率をあげています。

こうした優れた進学教育を行う共栄学園では、東京大学合格者も輩出。着実に進学実績を伸ばし続けています。

特進クラス&進学クラス

共栄学園中学校の入試では特進クラスと進学クラスの2コースで募集が行われます。

中学3年次までは、授業進度は揃えながら「特進クラス」では発展的な問題の研究を積極的に取り入れ、「進学クラス」では基礎学力の徹底理解を主眼に授業を進めます。「特進クラス」では、「長期休暇中の特訓講習」（進学クラスも希望者は参加可能）「勉強合宿」（高1・高2）などを行い、より高い目標を目指します。

2年・3年・高校課程進級時に、本人の希望と学力適性により、「進学クラス」から「特進クラス」にステップアップすることもできます。

多彩なプログラムで生徒を細やかにサポート

2004年に竣工した最先端の校舎を有効に使って学習を進める共栄学園。そこには、学力を高めるための様々な仕掛けが用意されています。

冷暖房完備で無線LANとスクリーンが設置されている明るい普通教室では、英語・数学の習熟度別編成授業や、オリジナルテキストやプリント、パソコンや映像教材を多用した、わかりやすさを第一に考えた授業が行われています。たとえば数学は、検定教科書ではなく、「システム数学」シリーズを使用して、無理無駄のない先取り学習を行っています。

また、授業以外にも、生徒一人ひとりを細やかにサポートする、次のような様々なプログラムが用意されています。

①【共栄・サマー・イングリッシュ・プログラム（K-Sep）】

これは、日本文化を英語で発信できるようになることを目標にしたプログラム。生徒は5名の外国人講師と関わり合いながら、4日間にわたって行われる様々なオールイングリッシュの活動を通して英語に慣れ親しみ、最終日には日本独自の文化を英語でプレゼンします。

②【卒業生チューター制度】

生徒が「自分に合った勉強方法」を見つけられるよう様々な工夫がなされています。そして、学園の卒業生で難関大学現役大学生が、放課後、質問や学習相談にあたっています。卒業生だからこそわかる共栄学園での学びと大学進学のアドバイスを開けるとともに、大学での生活など生の声を聞くことができるのも大きな魅力です。チューターミニ講演会も実施しています。

③【サテネット講座】

高1から大手予備校の衛星放送授業を

学校説明会など日程

※予約不要、上履き不要

■受験対策講習会

11月 4日（月・祝） 9:30 ～
12月15日（日） 9:30 ～
1月13日（月・祝） 9:30 ～

■学校見学会

10月12日（土）～12月22日（日）
期間中の土・日・祝 10:00 ～ 15:00
（開始時間① 10:00 ～ ② 11:00
③ 13:00 ～ ④ 14:00）

活力あふれる進学校

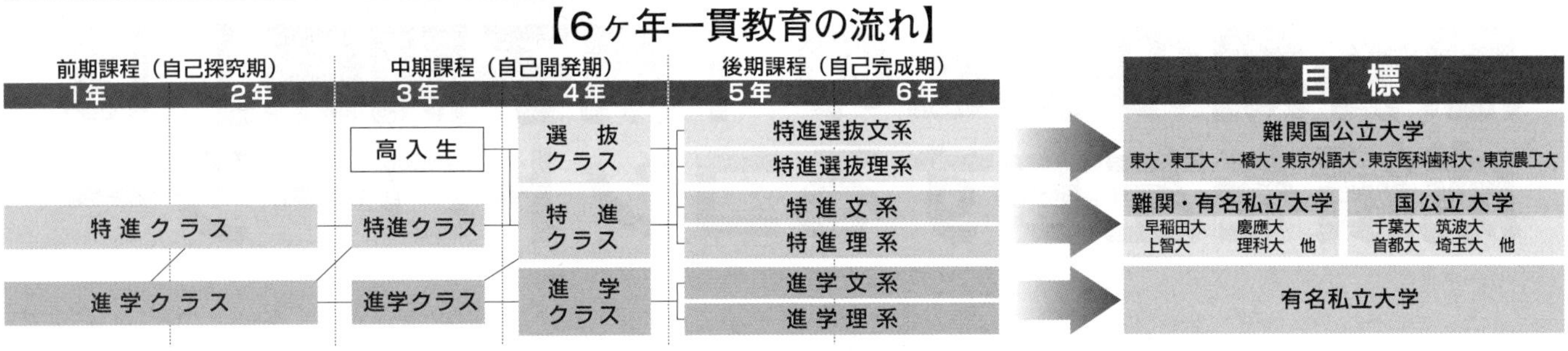

受講できます。校内で自由な時間に受講できるため、予備校へ通う時間が省け、部活動などとの両立も可能です。

④【海外研修】

希望者を対象に、夏休みに約20日間、英国にある語学学校で各国から集まった生徒たちと英語全般を学びます。滞在中は、ホームステイ、ロンドン市内などの見学を通じて英国の文化や生活を体験し、国際人としての素地を育みます。

この他、勉強合宿（高1・高2）や、TUK（東大うかろう会）というサークルでは、学校にある合宿施設（合宿所・風呂・シャワー室）を利用して、週末や長期休暇中に集中して学習を深めています。また、現役東大生を講師とする個別受験指導（高3希望者から選抜）の「共栄&緑鉄」プロジェクトなどもあり、「もっと学びたい」という意欲のある生徒に応えられる場も用意されています。

また、本年度より、月1回の「講演会」を実施しています。大学教授による最先端の研究の話から演奏会など内容は多種多彩。普段の授業とは違う、本物を見て、聞いて、大きな刺激を受けています。

26年度入試も、大きく変更

チャレンジし続ける共栄学園中高では、〝受験生のために〟を合い言葉に、25年度入試の変更を継続するとともに、来年度の入試も大きく変更します。

①［第3回入試が2月2日午後、特進・特待入試②に］

昨年度入試での特進のニーズの高さに対応。特進と複数年特待のチャンスが増えることになりました。

②［特進・特待入試①・②の試験開始時刻は14時、2科・4科の選択］

開始時刻を1時間早め、2科・4科の選択制です。面接は初めての入試のみですから、早めの試験終了が可能です。

③［特進コースの人数を増加］

ニーズが高いことを受け、人数を増加。回数も増やし、早い入試でとにかく合格をとり、その後特進や特待にチャレンジすることが可能です。

④［複数回受験を応援］

第1回入試を受験し、第2回特進・特待入試を受験した場合は5点を加点。さらに第3回の特進・特待入試を受験の場合+5点（合計10点）、そして第4回を受験した場合+5点（合計15点）の加点です。つまり、最後まで頑張れば特進コースも見えてくるはずです。

平成26年度入試日程

試験名	第1回 一般入試	第2回 特進・特待入試①	第3回 特進・特待入試②	第4回 一般入試
入試日程	2月1日（土） AM 9:00～	PM 14:00～	2月2日（日） AM 14:00～	2月3日（月） AM 9:00～
募集人員	特進：男女15名 進学：男女45名	特進：男女25名	特進：男女15名	特進：男女10名 進学：男女10名
入試科目	2科・面接	2科・4科の選択・面接	2科・4科の選択・面接	2科・面接
窓口出願	試験開始の30分前まで受け付けます。			
受験料	受験料2万円で複数回受験が可能（回数に関わらず同一料金）。			

※複数回受験は加点制度あり。面接は最初の受験日のみ。
※特進クラスから進学クラスへのスライド合格があります。
※「特待・特進入試」において成績上位者から、最高6年間の特待生に認定します。
また、第1回・第4回入試では、入学特待・1ヶ年特待を認定します。
※2科（国語・算数）、4科（国語・算数・理科・社会）

スーパー6ヶ年学力特待生制度

共栄学園中学校は、「特待・特進入試」を実施し、学力に応じて最高6年間の学力特待生の認定を行います。6年間の特待制度を導入している学校はまだ数校です。6年間という長い間には、様々な変化が起こることが想定できます。しかし、共栄学園は、このスーパー6ヶ年学力特待制度を中心に真の6ヶ年教育をしていきたいと考えています。ハード面、ソフト面ともに充実し、また前述のように6ヶ年一貫コースの教育体制が着実に実を結んできている「自信」と「覚悟」の形といえます。

進化し続ける共栄学園中高6ヶ年一貫コースに注目して下さい。

共栄学園 中学高等学校

京成本線「お花茶屋駅」徒歩3分
東京メトロ千代田線・JR常磐線「亀有駅」よりバス10分「共栄学園」下車徒歩1分

〒124-0003 東京都葛飾区お花茶屋2-6-1
TEL 03(3601)7136
0120-713601
URL http://www.kyoei-g.ed.jp

思春期の子との「親子関係」は成績を左右するコントローラー

「感情」と「成績」にはじつは密接な関係がある

「感情」と「成績」というといかにも関係がなさそうにみえるかもしれません。

「能力」と「成績」というなら関係おおあり、むしろそれ以外にはないのでは、と考えそうです。

しかし、実際のところ、筆者などは「成績は感情次第」というくらいに要素として大きいものがあると思っています。

全ては能力の高低だから能力の低い子は成績があがらないのだ、というごく普通の言説は筆者にとっては到底受け入れがたいものです。能力のうち統計的になんらかの障害によって成績向上が望めない人々の割合は2割程度はいると言われていますので、これはその他8割の人々に関して言えることだとは思っていますが。

ただし年令は限定的です。すなわち中学受験の前後、いわゆる思春期を迎え、親子間の感情が、子どもの反抗期に遭遇するからです。

親子関係が（といっても一方的に親側に重きがありますが）経験の浅い長男長女の場合よりも、1回でも経験を積んだ次男次女の方が、お互いの感情交流はスムースなことが多いように思います。

逆に言えば長男、長女のケースで親子間の感情のもつれがあると日頃感じています。

親子関係は、子についていえば親の愛情を巡る忠誠心競争でもあり、愛情獲得競争でもあります。上の子への親の対応をみて、下の子は親への戦略を考えますから、後出しジャンケンという例えが妥当か否かわかりませんが、少なくとも状況を推察して自身に有利に導くように親への対応を考えるでしょう。そういう戦略的対応を下の子はとりやすいのは事実です。親は親で長男長女で学習して次にはよりうまくやろうとしますから、少なくとも親としての経験は積んで次男次女にうまく対応するわけです。

まれには長男長女がきわめてうまくいって親は何の苦労もしなかったが、下の子に手を焼くという場合もあります。しかし、これは「馬鹿な子ほどかわいい」という反応になりがちです。

そうなると上の子は手がかからない分、放っておかれてこれはこれで愛情飢餓になりがちな側面も出てく

中学受験WATCHING

NAVIGATOR

森上 展安

もりがみ・のぶやす
森上教育研究所所長。
受験をキーワードに幅広く教育問題をあつかう。
保護者と受験のかかわりをサポートすべく「親のスキル研究会」主宰。
近著に『入りやすくてお得な学校』『中学受験図鑑』などがある。

るわけです。

　つまり、長男長女との親の感情的葛藤は、うまくいけばいき、まずくなればなったでいずれにしても葛藤が生じやすいといえるでしょう。

　思春期にこの葛藤が生じる「親と子」はうまくいかなくなります。お互いに思春期の前まではラブラブであったのに反目するようになるのは時間の問題といえます。

　ところで親の期待は、たいてい成績をあげてほしい、ということになります。子どもは、では、反対を行こう、となるわけです。当然ですが成績は落ちるに決まっています。

　要は成績というものは、このようなことで上下するものと言って差し支えないと思います。

　しかし、初めて親になったという長男長女のケースではそこのところが親に無自覚のために往々にして反目の方向になりがちです。成績がよい間はよいのですが、悪化した場合に事態は暗転しがちです。

　一方で、下のお子様のケースは、成績が悪ければ悪いで愛情を一心に注がれるために、とても子の満足度は高い。よくできればできたで、長男長女の時に比べて実にいつくしむ、というようすを見受けます。

　しかし、これでは長男長女は決して浮かばれません。なんとか親の愛情と関心を引きつける戦略は何か。これは古今東西決まっていて親の考えることの反対へと回り、親の関心を引こうとしてドロ沼にはまるか、そうでないまでも愛憎相半ばというよりかわいさあまって憎さ百倍になってしまうものです。

　したがってこれを避けて、本来の愛情いっぱいの関係になれさえすれば、反目は解消し、自然と成績が上昇するのです。

　けっして能力のせいではないのですし、まして女の子は男の子に比べて能力の偏在は少ない、というのが通説です。ごく普通の子が努力して成績をあげるのです。

　思春期のお子様を持つ親子の関係は、「感情」こそが成績上昇、下降のコントローラーなのです。

Wings and Compass
未来へ翔く翼とコンパス

説明会日程

全ての説明会で、「教育方針」「教育内容」「入試」に関する説明を行います。

11/17(日) 10:00～12:00
●中学スタッフによる学校紹介・給食試食

1/ 5(日) 9:00～12:00
●入試直前対策会

12/14(土) 14:00～16:00
●在校生・保護者が語る桜丘

1/18(土) 14:00～16:00
●出願直前最終説明会

サッカー部体験会日程

10/27(日) 13:00～15:30

■全て予約制です。
本校Web http://www.sakuragaoka.ac.jpよりお申し込みください。
■上履きは必要ありません。また車での来校はご遠慮ください。
■上記以外でも、事前にご連絡をいただければ学校見学が可能です。

桜丘中学校

〒114-8554 東京都北区滝野川1-51-12 tel：03-3910-6161
http://www.sakuragaoka.ac.jp/
mail：info@sakuragaoka.ac.jp
@sakuragaokajshs
http://www.facebook.com/sakuragaokajshs

・JR京浜東北線・東京メトロ南北線「王子」駅下車徒歩7～8分
・「池袋」駅から都バス10分「滝野川二丁目」下車徒歩2分
・都営地下鉄三田線「西巣鴨」駅下車徒歩8分
・北区コミュニティバス「飛鳥山公園」下車徒歩5分
・都電荒川線「滝野川一丁目」駅下車徒歩2分

NEWS2013

2020年東京オリンピック

2020年の夏季オリンピック・パラリンピックの開催地が東京に決まりました。国際オリンピック委員会（ＩＯＣ）総会が、日本時間の９月８日早朝、アルゼンチンの首都ブエノスアイレスで開かれ、ＩＯＣ委員の投票の結果、東京が開催地に決定しました。

2020年の開催地については、東京、トルコのイスタンブール、スペインのマドリードの３都市の間で争われていました。３都市はこれまでも立候補しており、今回もＩＯＣ委員に対し、自国での開催を強くアピールしてきました。

2020年夏季オリンピックの東京開催決定を報じる号外を手にする子どもたち（時事）

東京は、安全、安心、おもてなしの心などをアピールしました。事前の記者会見では福島第一原発の汚染水問題が取り上げられましたが現地入りした安倍首相らが安全を強調、イスタンブールやマドリードに大差をつけて、３度目の立候補で開催を勝ち取りました。

総会での１回目の投票では、東京が42票、イスタンブールとマドリードが26票ずつで、過半数を獲得する都市がありませんでした。このため、上位２都市による決選投票をするため、イスタンブールとマドリードで２位決定投票を行いました。その結果、イスタンブール49票、マドリード45票で、イスタンブールが２位となり、東京とイスタンブールでの決選投票となりました。結果は東京が60票、イスタンブールが36票でした。

東京の夏季オリンピック開催は1964年の第18回大会以来56年ぶり２度目、冬季を含めると1972年の札幌、1998年の長野と合わせ、日本で４度目のオリンピック開催です。

1964年の東京大会はアジアにおける初のオリンピックとして注目されました。また、第二次世界大戦終戦から19年後の開催ということで、日本の復興、平和国家としての再出発を世界にアピールする大会ともなりました。

2020年東京オリンピックの開会式は７月24日、閉会式は８月９日。同じくパラリンピックの開会式は８月25日、閉会式は９月６日の予定です。

東京はコンパクトなオリンピックを標榜していますが、東京都はオリンピック開催に伴う経済効果を３兆円、雇用創出15万人と試算しています。しかし、民間の経済研究所のなかには、今後７年間で最大150兆円の経済効果が見込めるとの試算もあります。

1964年の東京オリンピックの時には、東海道新幹線の開通、首都高速道路の開通など、オリンピックの開催が近代化に大きなはずみをつけましたが、今回も、東京を中心とした都市の再開発や、新規の交通機関の運営などが期待されています。

2020年にはみなさんの多くは大学生になっていることでしょう。オリンピックには世界から多くの人が来ます。それらの人々と交流し、日本のよさをアピールしてください。

入試問題ならこう出題される

入試によく出る時事ワード

基本問題

夏季オリンピック、冬季オリンピックは、それぞれ［①　　］年ごとに開催されます。

2013年９月、［②　　］年の夏季オリンピック・パラリンピックの開催地が［③　　］に決まりました。

［②　　］年の開催地については、［③　　］、トルコの［④　　］、スペインの［⑤　　］の3都市の間で争われました。

［③　　］での夏季オリンピック開催は、アジアで初めて開催された［⑥　　］年の第18回大会以来［⑦　　］年ぶり［⑧　　］度目の開催です。

日本で冬季オリンピックは２回開催されています。それぞれの開催地は、1972年開催の［⑨　　］、1998年開催の［⑩　　］です。

発展問題

オリンピックを開催することで、どのような経済的効果が生まれると考えますか。あなたの考えを120字以内で書きなさい。

基本問題　解答

①４　②2020　③東京　④イスタンブール　⑤マドリード　⑥1964　⑦56　⑧２　⑨札幌　⑩長野

発展問題　解答（例）

オリンピック開催のためには競技場などの建設、整備、道路の新設、整備が必要です。さらに都市の再開発や新規の交通機関の運営などが期待されます。このため建設、交通、サービス業などを中心に経済が活性化、これに伴って雇用も拡大すると考えられます。（118字）

since 1926

田園調布学園中等部・高等部

http://www.chofu.ed.jp

〒158-8512 東京都世田谷区東玉川2-21-8 Tel.03-3727-6121 Fax.03-3727-2984
＊東急東横線・目黒線「田園調布」駅下車 〉〉 徒歩8分 ＊東急池上線「雪が谷大塚」駅下車 〉〉 徒歩10分

学校説明会日程（予約不要）

第３回 11月29日（金） 10:00～
第４回 1月11日（土） 10:00～
（小6対象）入試体験 及び ワンポイントアドバイス

公開行事

定期音楽会 1月22日（水） 横浜みなとみらいホール
12:30～（生徒演奏の部） 15:00～（鑑賞教室の部）

中等部入試

	第1回	第2回	第3回	海外帰国子女
募集定員	90名	90名	20名	若干名
試験日	2/1	2/3	2/4	2/1
試験科目	4科 面接	4科 面接	4科 面接	2科（算・国） 面接

＊予定は変更となることもありますので詳細はＨＰにてご確認下さい。

ジュクゴンザウルスに挑戦！

熟語パズル

「熟語のことならなんでも知ってるぞ」っていうジュクゴンザウルスが、「このパズル解けるかな」っていばっているぞ。さあ、みんなで挑戦してみよう。

〈答えは112ページ〉

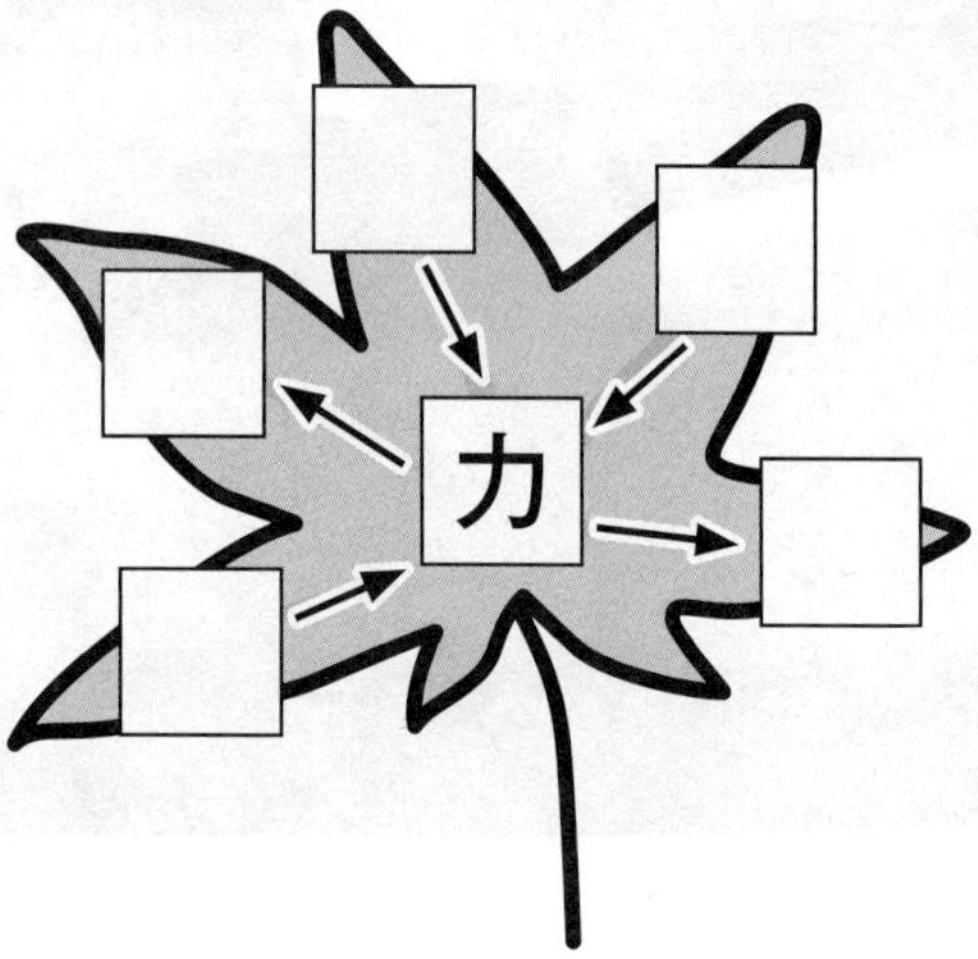

【問題】

もみじの葉２枚に、熟語が隠れています。矢印の向きに読むと熟語になるように、リストのなかから漢字を１字ずつ選んで□のなかに入れましょう。両方に矢印がある時は、どちらから読んでも熟語になります。

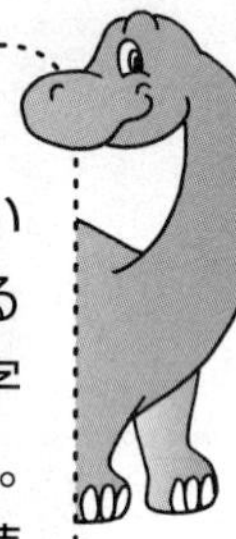

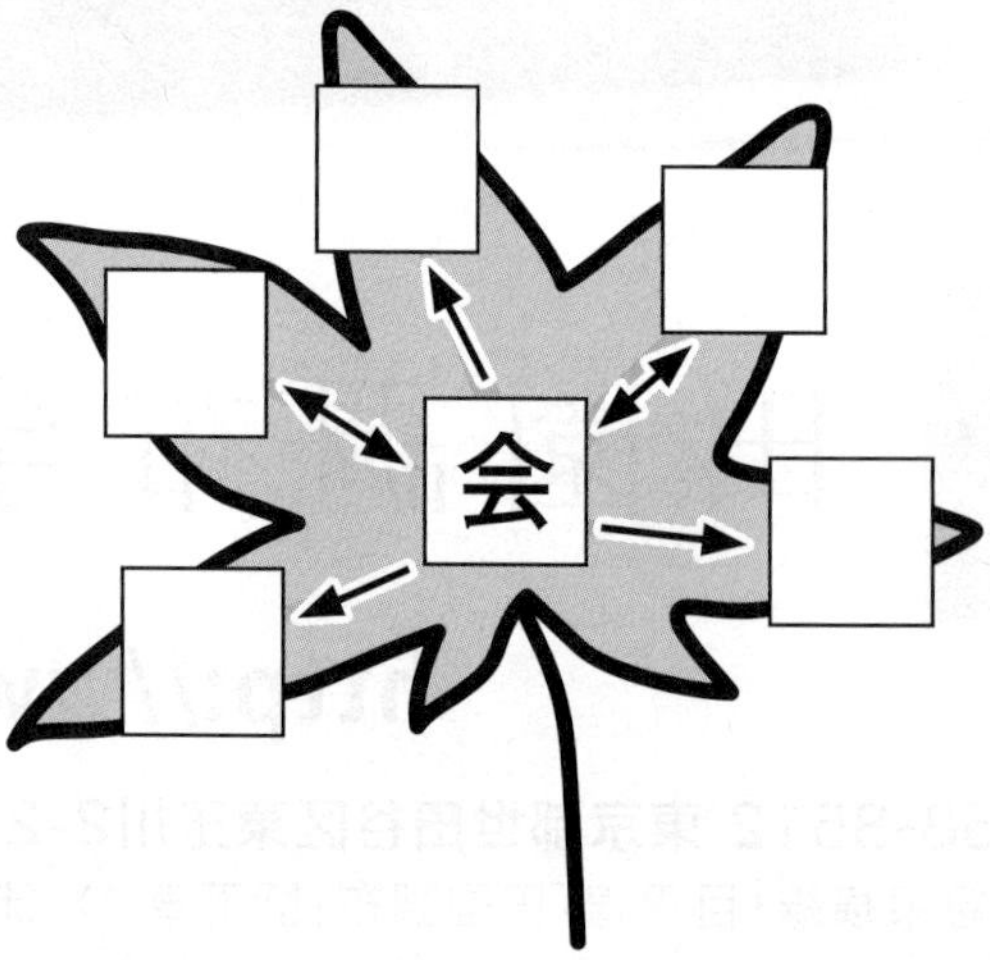

【リスト】

員	効	社	有	士
期	議	引	計	点

浦和実業学園中学校

英語イマージョン教育で優秀な大学進学実績

「実学に勤め徳を養う」を校訓に、実学・徳育教育を行ってきた県内屈指の伝統校、浦和実業学園高校を母体に誕生した浦和実業学園中学校。「すべての生徒に価値ある教育を」をモットーにユニークな「英語イマージョン教育」を実践しています。培われた英語コミュニケーション力により、毎年、文系・理系を問わず、優秀な大学合格実績を残しています。

第3期生、現役で東工大、ICU、北大（薬）に合格！

今春、中高一貫部3期生が卒業しました。在籍59名ながら、東京工業大、北海道大（薬）をはじめとした国公立大に9名、早稲田大、慶應大、ICU、東京理科大、GMARCHに合計40名と、文系・理系を問わずかなり優秀な実績を残しています。

教育の特色「三本の柱」

こうした結果を出せるのは、中学から培った英語コミュニケーション能力をはじめ、浦和実業学園で養われる力が武器になっている証拠です。

①「ふりそそぐ英語のシャワー」

「体育・音楽・技術家庭・美術」の授業を、日本人とネイティブのチームティーチングにより英語で実施。また、1、2年生の各クラスには日本人の担任とネイティブの副担任がつき、HRでの挨拶や伝達なども基本的に英語で行っています。年2回実施している「GTEC」のスコアも全国平均を大きく上回っています。こうした「話す・聞く」の英語能力の向上は、大学受験にも好影響をおよぼします。

また、ハワイ島にある学園施設を利用した短期留学を高校1年で実施し、大自然から地球環境を学ぶなど、さらなるパワーアップをはかります。

②「大卒後を視野に入れた進路設計」

中高6年間の発達段階に応じた独自のキャリアプログラムを年4回、6年間実施。各回ごとにテーマを設け、オリエンテーション・キャンプに始まり、職業体験・社会見学・博物館実習や各界から講師を招く講話の時間など多種多様に行います。

③「オアシス・スピリット」

机上の勉強だけでは身につかない「コミュニケーション能力」や「人間関係力」を、多様な取り組みや行事から身につけます。すでに高校で実績のある担任との交換日記により、生徒一人ひとりの心の変化を把握。また、併設の浦和大学での福祉体験など、特色ある行事で人間性を育みます。

万全な学習プログラム

「週6日制」「50分授業」、土曜日は50分4時限で確保される授業時間を使って反復学習を徹底、全生徒が主要5教科の基礎学力を身につけます。また、「朝トレーニング」では、英語・漢字・計算のドリルや読書を、放課後は指名制の「キャッチアップ補習」、希望制の「アドバンス補習」も行っています。春・夏・冬の長期休暇中には主要5教科の講習も実施します。

恵まれた環境で過ごす6年間

浦和実業学園中学校は、JR南浦和駅から徒歩12分。抜群の立地条件にある高等学校の校地内に中高一貫部校舎があります。そこには生徒が気軽に訪れることができるよう、オープンスペースを確保した職員室や自習室、屋内運動場、多目的ルームなどがあり、4期生から9期生まで合わせて500名を超える生徒が毎日元気に生活しています。先生方はネイティブの先生と共に豊富な経験を生かし、学習はもとより、学校生活全般で生徒の指導にあたっています。

●学校説明会　11月 4日（月）10:00～

●入試問題学習会（学校説明会実施）　11月23日（祝）10:00～　12月15日（日）10:00～

●公開授業　11月19日（火）～21日（木）9:00～15:00（11:00～ミニ説明会）

※いずれも予約不要・上履不要

2014年度 募集要項

	第1回（午前）A特待入試	第1回（午後）A特待入試	第2回	第3回	第4回
試験日	1月10日（金）午前	1月10日（金）午後	1月13日（月）	1月17日（金）	1月26日（日）
募集定員	25名	25名	40名	20名	10名
試験科目	4科（国・算・社・理）	2科（国・算）	4科（国・算・社・理）		
合格発表	1月11日（土）		1月14日（火）	1月18日（土）	1月27日（月）

浦和実業学園中学校

〒336-0025 埼玉県さいたま市南区文蔵3丁目9番1号
TEL 048-861-6131（代表）　FAX 048-861-6132

＼親子でやってみよう／

科学マジック

コインが暴れて飛び出すぞ!

暑かった夏がようやく過ぎ、涼しい季節となりました。厳しい暑さだったこの夏、水分補給に活躍したペットボトルを使ったマジックをご紹介しましょう。飲み終わったペットボトルをよく洗って乾かしてから使います。動きのある、家族で楽しめるマジックです。

① 用意するもの

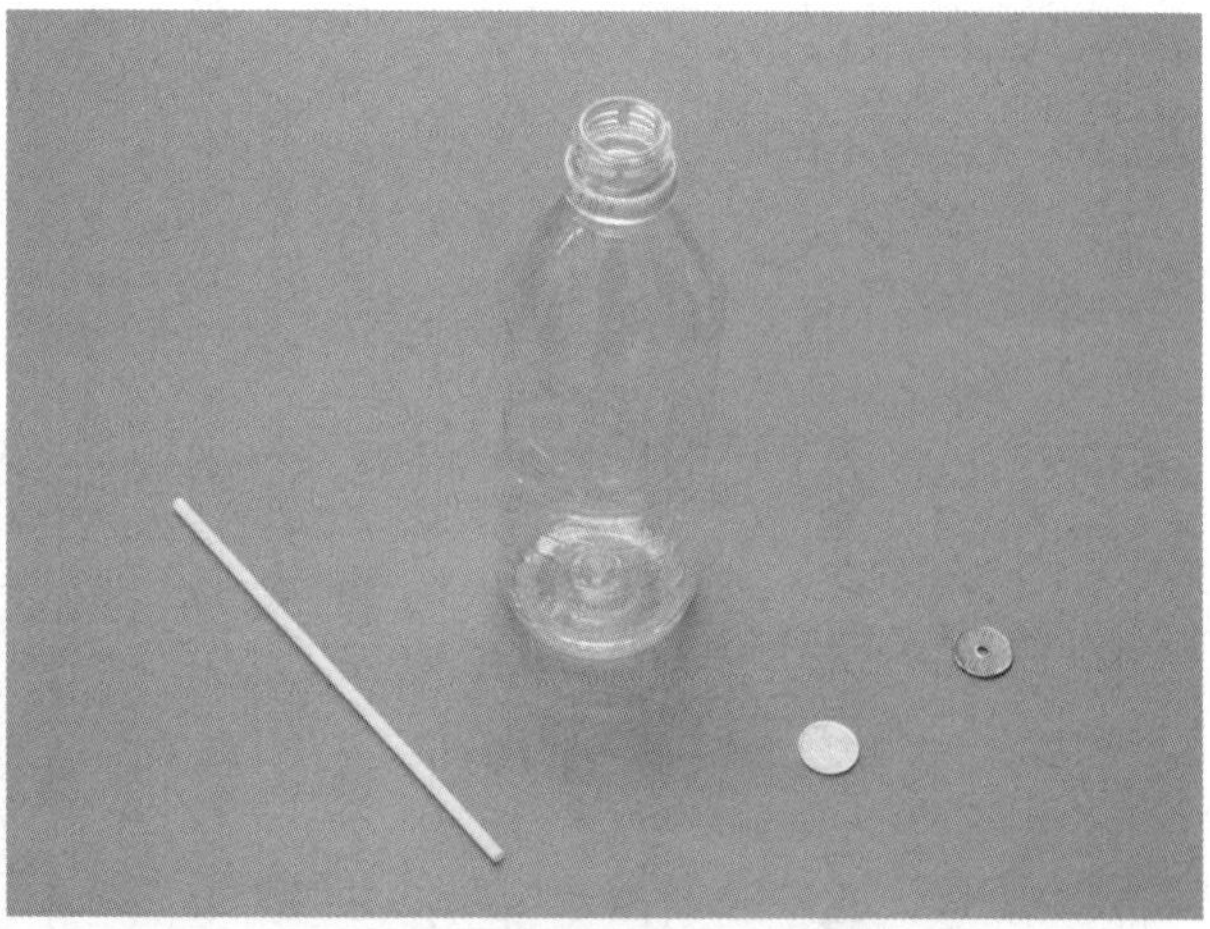

①空きペットボトル（洗って乾かした物） ②ストロー ③１円玉と50円玉（そのほか、あめ玉などペットボトルの口より小さな丸い物を用意してみましょう）

② 飲み口に1円玉を置く

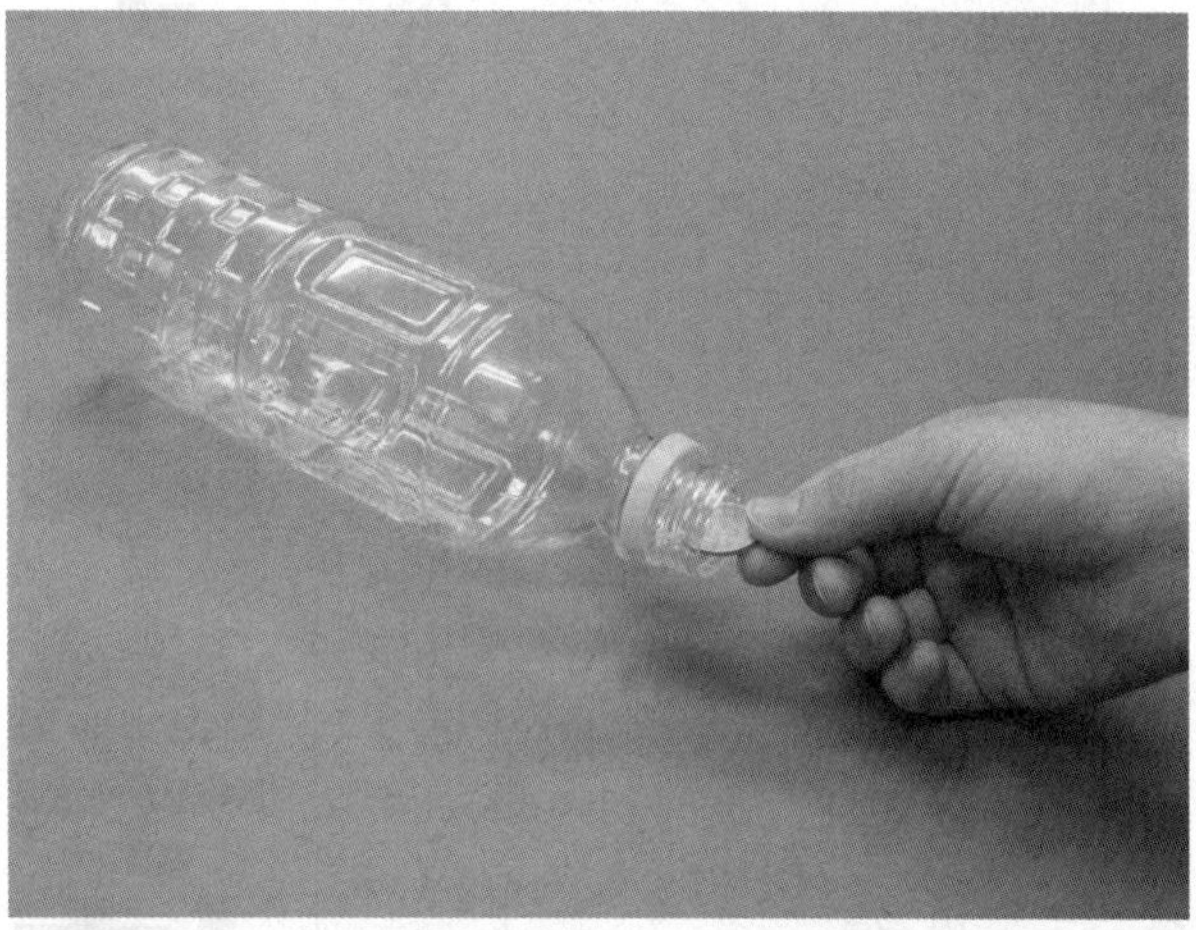

ペットボトルを横にして置き、飲み口に1円玉を入れます。ストローの先を飲み口に近づけて思いきり吹いて、息の力でペットボトルのなかに押し込んでみましょう。

1円玉は暴れまわって　3

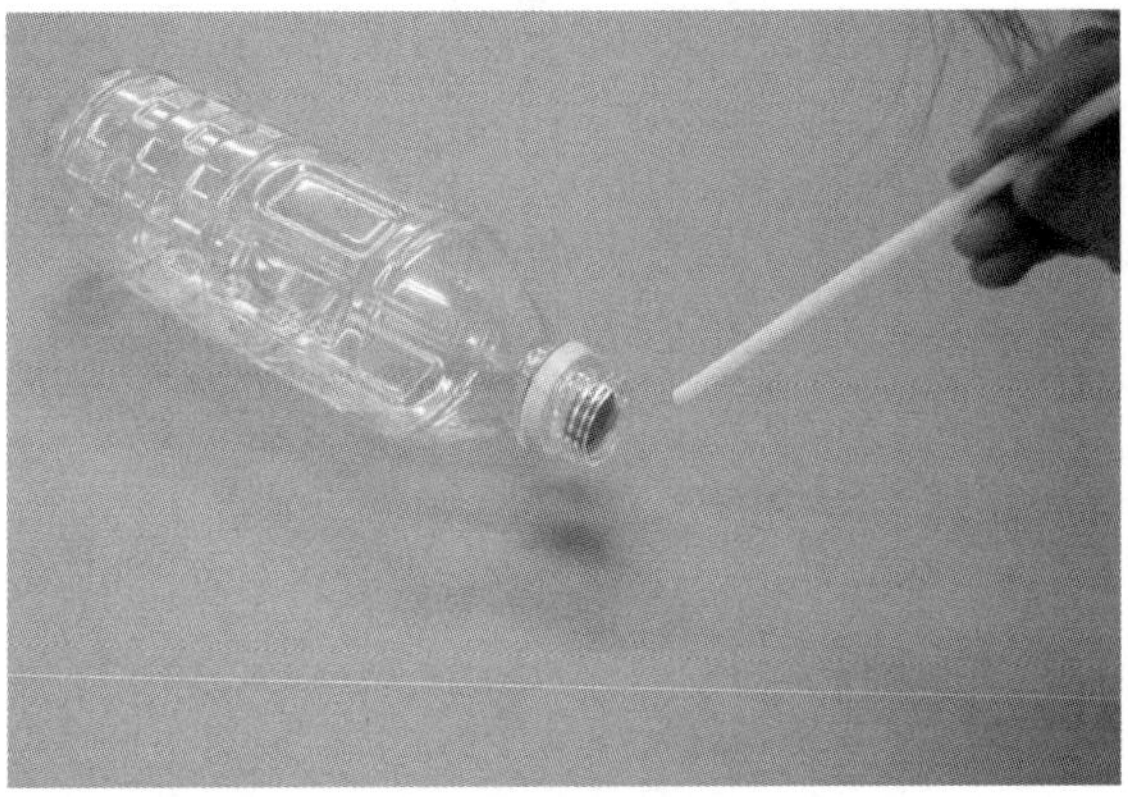

1円玉は、飲み口でひとしきり暴れまわった後、押し込まれると思った1円玉は飛び出してしまいます。

50円玉ではどうかな?　4

1円玉を50円玉に替えてやってみましょう。1円玉よりも重いので、50円玉はさらに暴れまわりますが、やはり飛び出します。ほかの物でも試してみましょう。

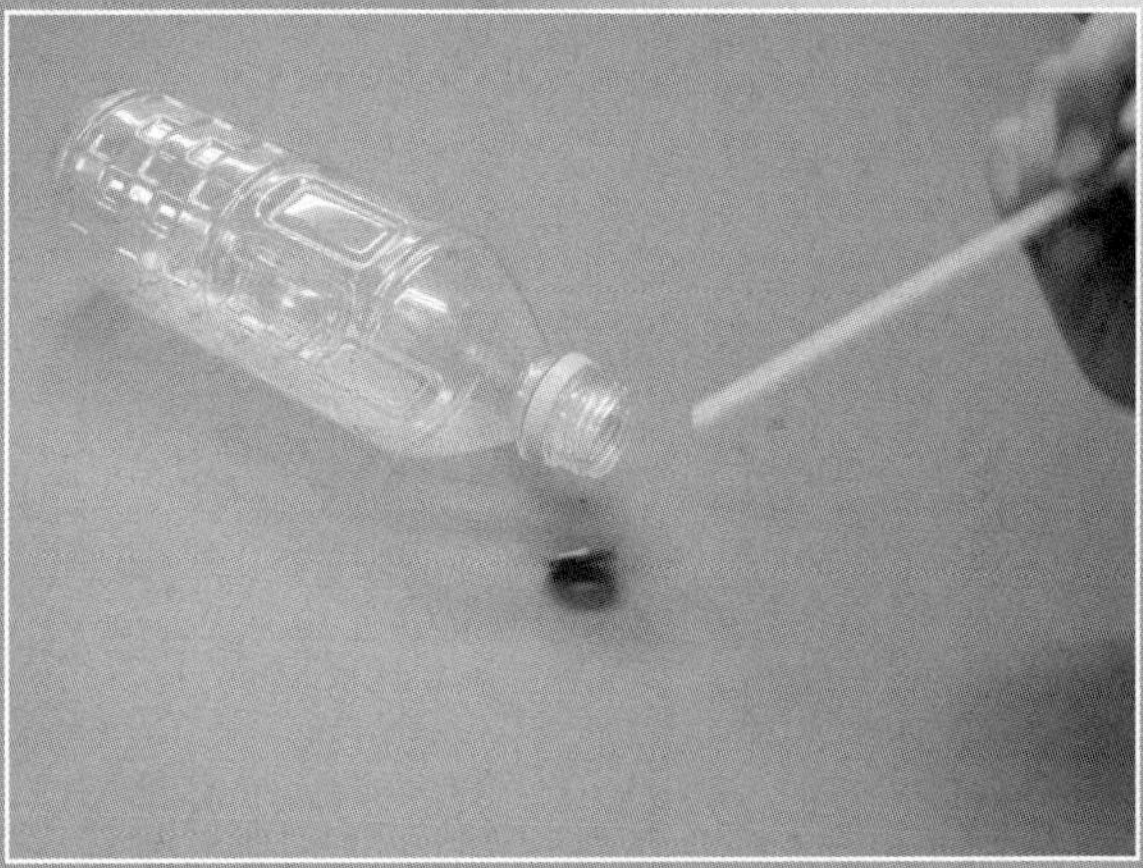

解説

　気体の圧力は、温度や容器に入っている気体の量の影響を受けます。

　例えば、気体を一定の体積のままにしておいて（容器に閉じ込めた状態など）圧力を高めれば、気体は容器から吹き出ようとしたり、容器を壊したりします。この科学マジックでは、ストローで空気が吹き込まれたためにペットボトル内の空気の圧力が高まり、気体は飲み口から出ようとします。コインが回転している間にちょうど空気の圧力を強く受ける形（飲み口を塞ぐ形）になった時に、コインは飛び出します。

城西川越中学校の22年目の新たなる一歩

城西大学付属川越高校に中学校が創立されてはや20年。埼玉県内の数少ない男子校の一つとして、「報恩感謝」を校是に掲げ、多くの人材を輩出してきました。一昨年城西川越中学校は20年という節目を迎え、さらなる飛躍を目指し、新たなる一歩を踏み出しました。

城西川越中学校は、恵まれた自然のなかで教師が生徒を手厚く育ててくれる温かみのある学校として知られています。「報恩感謝」の校是は、広く学校に浸透し、教員と生徒は、学校でまさに家族のように時間を過ごしています。

2012年より設置された「特選クラス」

城西川越ではこれまでも進路指導に関して、さまざまなキャリアデザインをとおして、生徒の希望進路を実現してきました。昨年からは、より高い目標を設定し、自分の夢を叶えるために「特別選抜クラス（以下、特選クラス）」（1クラス）が新設されました。

「特選クラス」の特徴として、①週3日、7時間授業の実施、②副担任に外国人教師、③中学3年次にオーストラリアでの海外研修の3つがあげられます。

一つ目の週3日ある7時間目の授業は、正規の授業や課外補習とは異なる特別カリキュラムで行われます。ユニークなのが7時間目が行われる時間です。

「6時間目が終わると、その後、クラブ活動を行います。特選クラス以外の生徒は5時30分が完全下校ですので、それまで全員でクラブ活動を行うのです。特選クラスの生徒は、5時30分からもう1時間授業を行います。クラブ活動を制限してしまっては、そこでの人間関係が作れなくなってしまいます。本校では部活動などの課外活動はみんなで行うべきだと考えています」と阿部尚武校長先生。

こんなところにも学校の考え方が現れています。部活動のあとでも、生徒たちは疲れを見せることなく、逆に頭をリフレッシュして授業に臨んでいるそうです。

二つ目は外国人教師の副担任制です。英語が身に付いてきた1年生の2学期から、いっしょにお昼休みを過ごしたり、放課後に掃除をしたりと、普段の授業と違った、生活に即した形で自然に英会話ができるように盛り込んでいます。

三つ目に中学3年次のオーストラリアでの海外研修です。特選クラスは約5週間という長期間、オーストラリアでホームステイを行い、現地の学校に通います。「特選クラス」は英語学習に力を入れている城西川越の先鋭的なクラスと言えます。

さらなる飛躍を目指して

城西川越の魅力は「学校は家、教員や友達は家族」と思える温かい校風にあります。そこまで思えるような手厚い指導

城西川越中学校

〒350-0822
埼玉県川越市山田東町1042
TEL：049(224)5665
URL：http://www.k-josai.ed.jp/

平成26年度　募集要項						
	特別選抜入試		一般入試			帰国生入試
入試区分	第一回	第二回	第一回	第二回	第三回(SA入試)	
試験日	1/10(金)	1/11(土)		1/12(日)	1/18(土)	1/11(土)
試験会場	本校・大宮・川越・航空公園	本校・大宮・所沢	本校・大宮	本校		
募集定員	約30名		約90名			若干名
試験科目	国語・算数・社会・理科		国語・算数・社会・理科		国語・算数	国語・算数
合格発表(※)	1/11(土)14:00	1/12(日)14:00		1/13(月)14:00	1/18(土)16:00	1/12(日)14:00
手続締切	2/5(水)15:00					

※すべて校内掲示およびホームページ掲載

の伝統は今でも変わりません。昨年新設された「特選クラス」も城西川越の伝統という土台の上で、しっかりと力を伸ばしています。年に3回行われる中高一貫校を対象とした校外模試においても、入学当初と比べて、目を見張るほどの飛躍を遂げています。

「生徒とともに過ごす時間が長ければ長いほど、生徒の成長は加速します。」「ついついあれもこれもと、彼らに対する要求は過大になり、近頃は彼らへの心配も止むことがありません。しかし、そんな心配をよそに彼らはのびのびと成長をしています。」と担任の田口先生。

そんな特選クラスの生徒は、学校を引っ張っていると言っても過言ではありません。学年が上がる際、十分に力をつけた生徒は三者面談などをした上で、クラス変更もできるため、普通クラスの生徒達の目標にもなっています。

特別選抜入試を実施

2014年度、これまでの入試に加えて、特選クラスの入学試験を実施します。これまでの特選クラスの選抜方法は、普通クラスと同様の統一試験を行い、上位合格者を特選クラスで編成してきました。

しかし、今まで以上に受験生の力をより正確にはかりたいという思いから、入学試験を分けることになりました。入試広報部部長の田邊先生は「この特別選抜入試は、1月10日の午後に実施し、4つの会場（本校、川越、大宮、航空公園）で午前中に入試をしたあとでも受験ができるように日程や会場などに工夫を凝らしました。また、この入試は一般クラスへのスライド合格制度も設けており、多くの受験生に腕試しをして欲しいという思いで生まれました。」と話します。

昨年は、SA入試も導入され、受験生のニーズにあった取り組みを積極的に行っています。

この新しい試みは、城西川越のチャレンジでもありますが、今までの城西川越らしさを残しつつ受験生の様々な才能を引き出そうという思いの現れです。「学校は現在の生徒や教員だけのものではなく、これまでの卒業生や教員、そして城西川越に関わるすべての方々のものであり、それが伝統という形でつながっていくものです。ずっと続いているアットホームな雰囲気を残しつつ、教育の本質は失うことなく時代にあった、未来を切り拓く力を備えた、健全なこどもたちを育てていきます」と阿部校長先生。

つねに感謝の気持ちを持って、生徒一人ひとりを大切にしている城西川越中学校。自然に囲まれた環境のなか、伝統に培われた多彩なカリキュラムをもとに、新たなる挑戦を続けています。

明日の自分が、今日より成長するために…

2名のネイティブ専任教員から 世界で通用する英語を学び 世界レベルでの自己実現を目指す

多摩大学目黒の英語教育の大きな目標の一つは
世界中で必要とされる日本人を育てることです。
英会話を指導する2名のネイティブ専任教員は
それぞれイギリス出身とアメリカ出身。
微妙に異なる表現やアクセントも経験することで
世界中に通用する英語を習得します。
さらに6年間で最大3ヶ国を訪問することにより、
世界規模で物事を考えることのできる広い視野と
世界を相手にしっかり「交渉」できる
コミュニケーション力を磨きます。
これらの経験と能力は 10 年後、20 年後に
社会人として国内でも海外でも常に必要とされる
人物であり続けるための確固たる土台となります。

写真上:フィリップ・チャンドラー教諭(イギリス出身)
写真下:トーマス・カンパーニャ教諭(アメリカ出身)

●中学受験生・保護者対象学校説明会 予約不要

11/13水 10:00～

12/ 7土 10:00～

1/10金 ①10:00 ②19:00～

※お車でのご来校はご遠慮ください。

●中学体験学習 要予約 (保護者の方は授業参観及び説明会)

英語体験授業:Let' s enjoy English! ／クラブ体験:来たれ我が部!

11/23祝 10:00～12:00 会場:あざみ野セミナーハウス
※前々日までに電話にてご予約ください。

●2014 年度生徒募集要項

試験区分	進学 第1回	進学 第2回	特待・特進 第1回	特待・特進 第2回	特待・特進 第3回	特待・特進 第4回
募集人員	74名		特待20名 特進20名			
出願期間	1月20日(月)より各試験前日まで、9:00～15:00					
試験日	2/1(土) 8:30集合	2/2(日) 8:30集合	2/1(土) 14:30集合	2/2(日) 14:30集合	2/3(月) 14:30集合	2/4(火) 8:30集合
試験科目	2科または4科(出願時に選択)		4科		2科	
発表(ホームページ)	各試験当日14:00～16:00		各試験当日21:00～21:30			当日14:00～16:00
発表(校内掲示)	各試験当日14:00～16:00		各試験当日翌日12:00～14:00			当日14:00～16:00

http://www.tmh.ac.jp

多摩大学目黒 検 索

携帯サイト:http://www.tmh.ac.jp/mobile

多摩大学目黒中学校

〒153-0064 東京都目黒区下目黒 4-10-24 TEL. 03-3714-2661

JR 山手線・東急目黒線・都営地下鉄三田線・東京メトロ南北線「目黒駅」西口より徒歩 12 分
東急東横線・東京メトロ日比谷線「中目黒駅」よりスクールバス運行

「品格」のある「知性の高い」子女を育みます。

■ **学校説明会**(予約不要)

第4回
11/30(土) 10:00

第5回
1/11(土) 10:00

■ **入試問題対策会**(要予約)

第2回
10/27(日) 10:00
※2科4科選択

第3回
12/14(土) 13:30

■ **学校見学会**(要予約・5年生以下対象)

第2回
10/5(土) 13:30

第3回
2/15(土) 13:30

■2014年度中学入試要項(概要)

	第1回	適性検査型入試	第2回	第3回	第4回
入試日	午前	午前	午後	午前	午前
	2/1(土)	2/1(土)	2/1(土)	2/2(日)	2/6(木)
募集人員	50名	30名	20名	20名	10名
試験科目	2科または4科	適正検査I・II(各45分)	2科(国語・算数各50分)または4科(国語・算数各50分、理科・社会各25分)		

※毎回の試験の得点により特待生(A・B・C)を選出します。

CHIYODA

千代田女学園 中学校 高等学校

〒102-0081 東京都千代田区四番町11番地 電話 03(3263)6551(代)
●交通＜JR＞市ヶ谷駅・四ツ谷駅(徒歩7〜8分)
＜地下鉄＞四ッ谷駅・市ヶ谷駅(徒歩7〜8分)／半蔵門駅・麹町駅(徒歩5分)

http://www.chiyoda-j.ac.jp/

系列の武蔵野大学へ多数の内部進学枠があります。

学ナビ!!
School Navigator
vol. 049

東京都　台東区　共学校
上野学園中学校
UENO GAKUEN Junior High School

知と感性と豊かな人間性を育む

1904年（明治37年）に創立された上野学園中学校・高等学校は、「自覚」を建学の精神に据えています。

学園での生活をとおして「感性を磨き、豊かな人間性」を育むことを目指し、主要5教科の学習に力を入れる「普通コース」と、音楽について深く学べる「音楽コース」が併設されています。

「普通コース」では生徒の個性を伸ばすために、少人数制授業、習熟度別授業、個別フォローを行っています。さらに、放課後特別授業や夏期・冬期の講習など、確かな学力を育むためのカリキュラムが整っています。高校では「特別進学コースα・β」「総合進学コース」のどちらかに進み、各自が志望大学の合格を目指します。

また、国立科学博物館とスクールパートナーシップ校として連携し、独自のプログラムなど多彩な体験をすることで理科の学習意欲を高め、3年間で「博物館の達人」の認定書を得ることを目指す、という特色あるプログラムも用意されています。

◇音楽教育も充実◇◇◇◇◇◇

「音楽コース」では、中1は5時間、中2・中3は4時間の音楽の授業が行われ、さらに個人レッスンも実施されます。高校へ進むと、「器楽・声楽コース」と「演奏家コース」の2つのコースに分かれ、より深く音楽について学びます。

「音楽コース」だけでなく、「普通コース」でも音楽に親しむ時間が設けられています。「総合的な学習の時間」に、フルート、クラリネット、サクソフォン、トランペット、ヴィオラ・ダ・ガンバ、リコーダーの6つの楽器のなかからひとりひとつの楽器を選択し、中学3年間を通じて、選んだ楽器を演奏できるよう練習をしていきます。

多くのコンサートが開かれる石橋メモリアルホールも隣接され、豊かな感性が育まれています。

School Data

上野学園中学校

東京都台東区東上野4-24-12

JR線「上野」・地下鉄銀座線・日比谷線「上野」徒歩8分、京成線「上野」徒歩10分、つくばエクスプレス「浅草」徒歩12分

男子50名、女子90名

03-3847-2201

http://www.uenogakuen.ed.jp

東京都　八王子市　女子校

東京純心女子中学校

TOKYO JUNSHIN GIRLS' Junior High School

マリアさま、いやなことは私がよろこんで

東京純心女子中学校・高等学校のキャンパスは、多くの樹木に覆われたなだらかな丘陵に位置し、四季折々の花々が咲き誇る自然豊かな環境となっています。

建学の精神は「叡知の泉　真心の炬火」と歌われる校歌によく表われており、泉のように湧き出る子どもたちの無限の可能性を引き出し、その叡知を人のために用いてほしい。そして、炬火のように周りを明るく照らし、世の光となるような世界で活躍する女性に育ってほしい、という学校の願いが込められています。

◇「知の教育」と「こころの教育」◇

東京純心女子では、2010年度（平成22年度）から新カリキュラムを導入し、生徒一人ひとりの夢を叶えるため、「知の教育」と「こころの教育」の2つの教育がバランスよく展開されています。

「知の教育」の一環として、図書館司書教諭と教科担当教員が連携する「探究型学習」を行ったり、生徒の視野を広げるために体験型の校外プログラムを行うなど、生徒の自ら学ぶ姿勢を養うために、様々な工夫を凝らしています。

そして、もうひとつの柱が「こころの教育」です。創立以来続いている伝統授業の「労作」では、土に触れながら農作物や草花を育てることで、自然のありがたみを直接感じることができ、自然とのかかわり方や食物の大切さを学びます。

また、毎週1時間ある「宗教」の時間には、キリスト教の教えに基づき、女性としての賢さと優しさを育んでいきます。

ほかにも、ボランティア活動で自分や他者を大切にすることを学ぶなど、様々な活動を通じて、世のため人のために貢献する女性に成長するよう指導しています。

学校の規模を小さく維持することで、生徒一人ひとりに親身に寄り添い、生徒の個性を伸ばす教育を行っている東京純心女子中学校・高等学校です。

School Data

東京純心女子中学校

東京都八王子市滝山町2-600
JR線「八王子」、京王線「京王八王子」バス10分
女子のみ284名
042-691-1345
http://www.t-junshin.ac.jp/jhs/

教えて中学受験Q&A

6年生

Question

志望校の願書を記入する時に気をつける点を教えてください

願書は、学校によっては、かなり記入すべき事項が多いように思います。中学受験の場合、親が願書を記入しますが、志望動機や家庭教育で気をつけている点というような項目は、どう書いたらいいのでしょう。願書の書き方が合否に大きく影響するとしたら心配です。

（江東区・T・M）

Answer

願書の内容は合否に影響しません 分かりやすい文で丁寧に書けば十分

入学願書は、記載事項が多岐にわたるなど、多く書くことが求められているように思えるかもしれません。学校としては、どんなご家庭に育ったお子さんか、また学校への期待や要望を把握するという意味があります。願書の合否への影響ですが、原則として入学者選考は入学試験結果をもとに判断する学校がほとんどであり、願書の内容が合否に大きく影響することはないでしょう。しかしながら、願書は慎重かつ丁寧に記入すべきだと思います。文字の巧拙は全く問題ではなく、分かりやすい文で丁寧に記入すればよいでしょう。

志望動機については、各ご家庭でその学校を選択された理由を素直に書きましょう。家庭教育についても、普段どのような姿勢でお子さんに接しているかを書くことが大事だろうと思います。いずれも、「こう書かなければならない」という決まりがあるわけではなく、各ご家庭ごとのお考えを記入すれば十分です。

疑問がスッキリ!

2~5年生

Question

私立中高に入学した場合
授業料以外に必要な費用は?

小学校3年生の娘です。この子の下に息子がいますので、私立中高に進学した場合の費用の点が心配です。入学金や授業料などは分かるのですが、それ以外に必要な費用にはどのようなものがあり、どのくらいかかるものなのでしょうか。また、それを知る方法はありますか。

(立川市・Y・O)

Answer

施設拡充費、教材費、各種研修費など
必要な費用は事前に公表されています

入学金・授業料以外の費用としては、施設拡充費、教材費、各種研修費などが主なものとなります。施設拡充費は、前もって金額が提示されています。教材費は、学習を進めるのに必要な費用で、かかった実費を納めます。多くは年度初めなどに一定の金額を納入し、のちに精算される形となっています。各種研修費は、学校によって異なり、例えば宿泊を伴う校外学習の費用、歌舞伎や演劇鑑賞などの費用、修学旅行費用などが含まれます。海外への修学・研修旅行が企画されている場合には、実施時期にいたる以前から少しずつ積み立てていく形がほとんどです。行き先や旅程期間によって様々ですが、毎月1万円前後の積み立てを2~3年弱にわたって行うことが多いようです。

こうした費用については、各校とも前もって公表しています。募集要項とともに配付される資料のなかに記載されていることが多く、学校説明会などでも説明されるのが普通です。

帝京大学中学校

TEIKYO

〒192-0361 東京都八王子市越野322 TEL.042-676-9511(代)

http://www.teikyo-u.ed.jp/

○2014年度入試 学校説明会

対象/保護者・受験生　会場/本校

第4回 **11/ 9** (土) 10:00 本校の生活指導　安全管理　～保護者が見た帝京大学中学校～

第5回 **12/15** (日) 10:00 入試直前情報　過去問解説授業

第6回 **1/11** (土) 14:00 これから帝京大学中学校をお考えの皆さんへ

第7回 **2/22** (土) 14:00 4年生・5年生保護者対象の説明会

○学校見学は、随時可能です。(但し、日祝祭日は除く。また学校説明会等、行事のある場合は見学出来ないことがあります。)
○平常授業日(月～土)には、事前にご予約いただければ、教員が校舎案内をいたします。

○邂逅祭(文化祭) 11月2日(土)・3日(日)

2014年度入試要項		第1回	第2回	第3回
	試験日	2月1日(土) 午前	2月2日(日) 午前	2月3日(月) 午後
	募集定員	40名(男女)	40名(男女)	30名(男女)
	試験科目	2科(算・国)・4科(算・国・理・社)から選択		算・国必修(各40点)と算・国から選択(20点)

●スクールバスのご案内

月～土曜日/登校時間に運行。
詳細は本校のホームページをご覧ください。

JR豊田駅 ←→ 平山5丁目(京王線平山城址公園駅より徒歩5分) ←→ 本校 (20分)

多摩センター駅 ←(15分)→ 本校

敬神　奉仕

東洋英和女学院中学部

学校説明会　11月 9日（土）14:00～15:30　※予約は不要です。

入試問題説明会　11月30日（土）　9:00～11:00　※6年生対象。予約は不要です。

ミニ学校説明会　12月26日（木）10:00～11:00　※6年生対象。予約制です。

クリスマス音楽会　12月14日（土）1回目　13:00～14:15
2回目　15:00～16:15

2014（平成26）年度入試要項

	募集人数	願書受付	試験日	入試科目	合格発表
A日程	80名	A日程・B日程（窓口・郵送） 1月20日（月）～25日（土） ※郵送1月25日（土）必着 B日程（窓口） 2月2日（日） 12：00～15：00	2月1日（土）	4科・個人面接	ホームページ　2月1日（土）22:00 校内掲示　2月2日（日）12:00
B日程	30名		2月3日（月）	4科・個人面接	ホームページ　2月3日（月）22:00 校内掲示　2月4日（火）9:00

〒106-8507　東京都港区六本木5－14－40　TEL.03－3583－0696　FAX.03－3587－0597
http://www.toyoeiwa.ac.jp

中央大学附属中学校

Chuo University Junior and Senior High School

開校から4年。今年初めて卒業生が附属高校へと進学しました。3学年がそろってから2回目となる中大附属中の白門祭（文化祭）をご紹介します。

9月22・23日の両日にわたって行われた中大附属中・高の白門祭（文化祭）。中学と高校はそれぞれの校舎を使用します。学校に近づくとまず見えてくるのが、生徒が制作した門です。

中学校のメインとなる東門のほかに、それぞれの入口に設けられた計3つの、手作りながら個性的な門が訪れた人々を出迎えます。

校舎に足を踏み入れると、地下1階から5階まで、各教室で様々な展示や催し物が用意されています。

地下1階は、中1・中3による家庭科の作品展示（絵本とおやつのレシピ）と、体育館を舞台にした吹奏楽部による演奏、学年・クラスを横断、縦断した有志による創作発表です。また、地下1階には食堂があり、お客さんはここでご飯を食べることができます。

1階には図書館があり、ここでは中学生が白門祭の案内をしてくれる校内見学ツアーの受付が置かれていました。中1~中3まで、40名の生徒が参加し、中大附属中生ならではの視点でツアーガイドを務めます。

2階では理科実験が行われています。今年は51人の生徒が参加し、液体窒素を使った実験、カルメ焼き、ロボット実験など8つの実験を実演してくれていました。どの生徒も気後れすることなく、お客さんにしっかりと実験の説明をしたり、質問に答えたりしていたのが印象的でした。

各学年の個性が見える学年展示

3階からは各学年の展示や催し物が目白押しです。3階は3年生の学年企画（クラス横断で生徒が集まって行う企画）がメインで、もともとあるカードゲームに、生徒が工夫を加えたカードゲームで対戦できたり、先生が生徒に吹き飛ばされているように見える写真を展示している教室、学校の全景模型をつくって展示している教室などがありました。

また、生徒だけで制作した映像（ピンポン球をバウンドさせて遠くのコップに入れる、『情熱大陸』のテーマに合わせて学校を紹介する、黒板アニメなど）を上映している教室も。さらにこの階の別の教室では、中3

中学のメイン入口門

中3の映像制作について説明してくれた赤地彩季さん

校内ガイドツアーの受付も生徒です

現高1による第1回オーストラリア研修旅行の展示

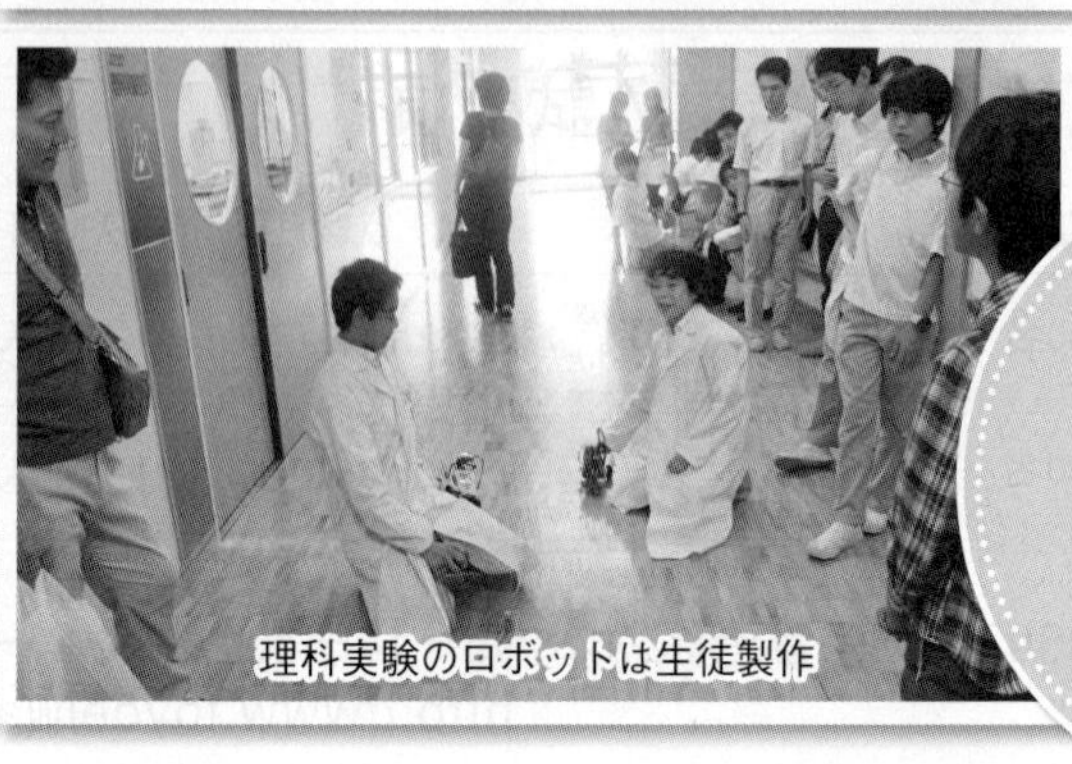
理科実験のロボットは生徒製作

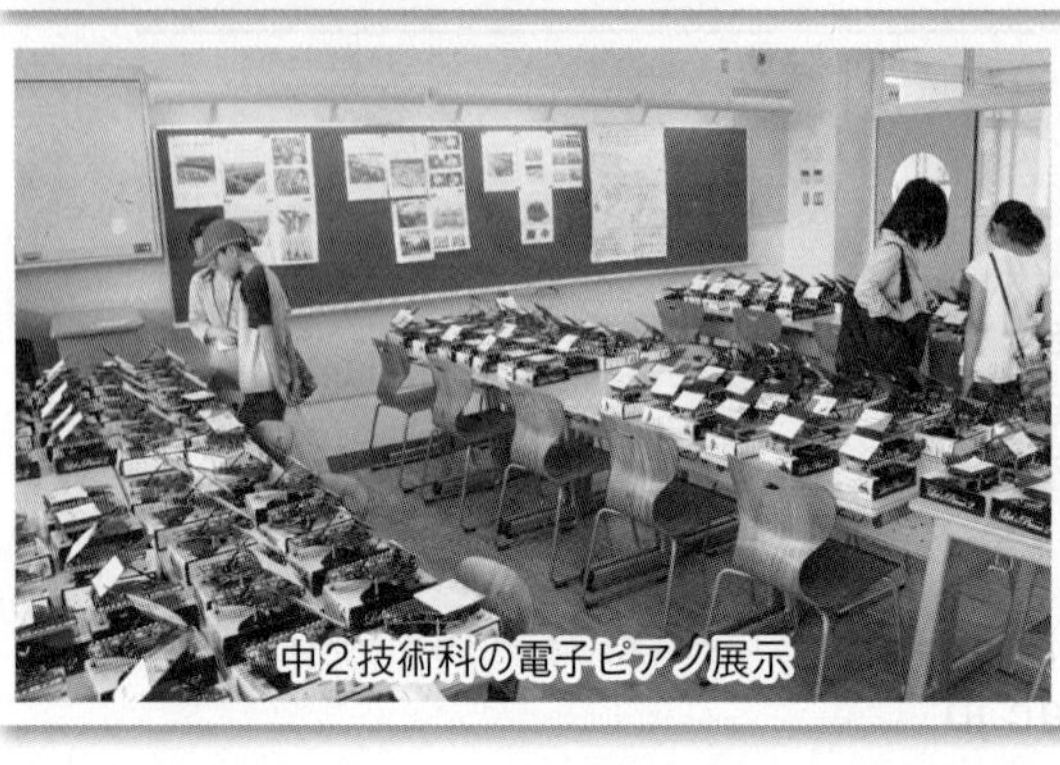
中2技術科の電子ピアノ展示

School Data

■Address／東京都小金井市貫井北町3-22-1
■TEL／042-381-7651
■Access／JR中央線「武蔵小金井」徒歩18分またはバス、西武新宿線「小平」からバス
■URL／http://www.hs.chuo-u.ac.jp/

時の修学旅行や、今年からスタートしたオーストラリア研修旅行の事前・事後学習の成果が展示されていました。どのポスターも、それぞれのグループの工夫のあとがよく伺えるビジュアルと内容で、大人が見ても感心するクオリティです。

4階は2年生がメイン。技術科の電子ピアノ展示や国語科の俳句（生徒が詠んでいます）、クイズやマジック、中大附属中生にアンケートをとった学校あるあるなど、ここでもバラエティに富んだ展示、企画を見ることができました。また、中1・中2で行われるワンデーエクスカーションについて、事後の生徒がまとめたものも展示されていました。

また、4階でも、2年生の学年企画として、生徒が制作した映像が上映されていました。遊び心にあふれた中学生らしい楽しい内容に仕上がっていました。

そして、5階は1年生です。1年生は各教科の展示が主で、ブックレビュー（国語）、友だちを紹介する「This is my friend」（英語）、「ダンゴムシの生態」（理科）などが展示されていました。また、学年企画では、しおり、割りばし鉄砲などの「物づくり」コーナーと、1年生有志が制作した映像上映がありました。

各教科や行事についての展示はもちろん、学年企画、そして中学生全体からの有志による企画など、中学部門だけでも全て回るには時間が足りないほどのボリュームがある中大附属中の白門祭。生徒が楽しそうに動きまわっている姿も見られます。ぜひ1度足を運んでみてはいかがでしょうか。

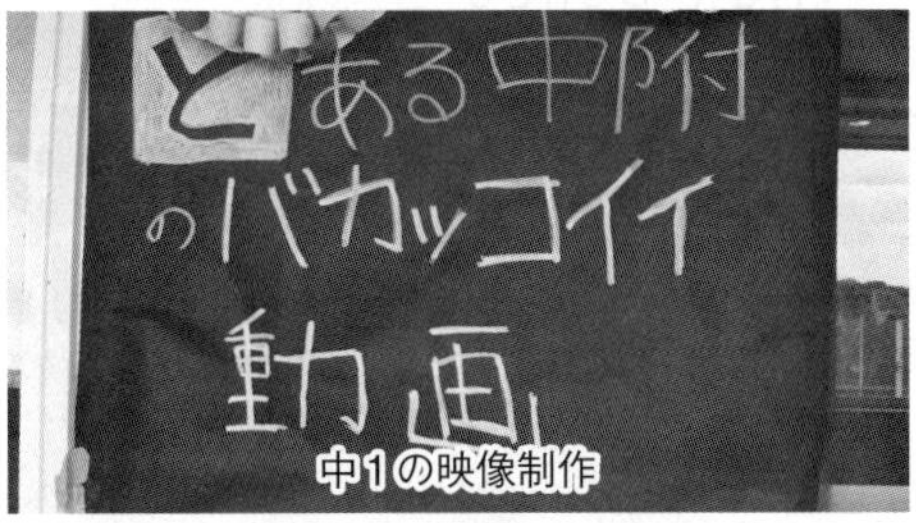

中1の映像制作

英語での友だち紹介（1年生）

訪れた小学生に丁寧に割りばし鉄砲の作り方を教える中1の生徒

TOPICS

2013年から オーストラリア研修旅行 スタート!!

中大附属中では、今年からオーストラリア研修旅行をスタートさせました。毎年3月に中3が10日間程度の日程でオーストラリアを訪れ、アデレードでのホームステイと、シドニー観光を行います。参加人数は希望によりますが、毎年20～30名になる予定です。

今年3月の第1回旅行に引率した齋藤晃先生は、この研修旅行の意図を「日本という枠組みのなかから、外の世界に飛び出して、いろいろなものを吸収してほしいということで始めました」と説明されます。

参加生徒は事前学習をしっかりと行い、現地でその内容を学び、帰国してからその成果をまとめます。学習する内容は生徒それぞれで、第1回ではこんなことがあったそうです。

「アボリジニの文化を事前に調べている生徒がいて、日程の後半に訪れたシドニーのムルミティガー文化センターでガイドの方にいろいろとたずねるんです。でも、その方も答えられないようなことを聞いたりするので困ってしまって。1時間も質問が続く学校ないですよと言われました」（齋藤先生）

事前学習もきちんと行うからこそ、現地で経験することがきちんと身につくことを、中大附属中生は日々の学校生活から学んでいることをしめすエピソードです。まだスタートしたばかりのこのプログラムですが、今後の展開が楽しみです。

■ 第 4 回学校説明会　11 月 14 日（木）　10：30〜
※予約不要

■ 紫紺祭（文化祭）　11 月 2 日（土）・3 日（日）
※予約不要。ミニ説明会あり。

■ 6 年生対象入試対策説明会　11 月 30 日（土）
①10：00〜　②14：00〜　※①・②は同一内容。
※11 月 18 日（月）より HP で申込み受付開始。

明治大学付属
明治中学校

〒182-0033 東京都調布市富士見町4-23-25
TEL:042-444-9100（代表）FAX:042-498-78
■京王線「調布駅」「飛田給駅」JR中央線「三鷹駅」よりスクールバス
http://www.meiji.ac.jp/ko_chu/

戸板中学校
21世紀型授業を推進する
新生ＴＯＩＴＡの教育

110年という長い歴史と伝統をもつ戸板中学校が、いま、生まれ変わろうとしています。「ニュー戸板」は、ＩＴ環境の飛躍的な発展とグローバル化が加速する21世紀の社会において、時代の要請に応じた、グローバル時代に活躍できる人材を育成することをめざします。戸板中学校の改革を推し進める教育監修理事・大橋清貫先生にお話しをうかがいました。

教育監修理事
大橋 清貫 先生

21世紀のグローバル社会が要請する人材を育成

「これまで、中等教育のほとんどが大学受験にフォーカスした教育を行ってきました。しかし、本校では、その先の、社会に出てから活躍する人材を育てたい」と大橋先生は言われます。

そのきっかけとなったのは、企業の人事課の方とのお話しにあったそうです。

「いまの子どもたちは、勉強ができても、英語や人前で話すこと、説得することが苦手だったりします。また、新しいことにチャレンジすることもあまり得意ではないとうかがいました。現在は、20世紀型の授業では、実際に企業が必要としている部分が欠けているのです。」

大学の4年間だけでは身につけることができないこうした能力を、中高6年間で基礎を築き、資質を身につけることで社会で活躍できる人材に育てていこうとするのが「ニュー戸板」です。

「戸板中高が6年間で育てる力として、これからのグローバル社会で必要とされる「問題解決力」と「情報共有力」の2つをあげ、さまざまな場面で、これらを涵養《かんよう》していきます。その柱となるのが21世紀型の授業である「相互通行型授業」です。

創造・発想する力を育てる「相互通行型授業」

「『相互通行型授業』とは、先生がひたすら板書して生徒がノートに写すというこれまでの一方通行型のものではなく、先生が生徒に問いかけ、生徒に考えさせる授業です。授業は、先生の発問から始まり、それに対して情報収集し、グループディスカッションが行われます。そこで答えが導き出されると、それをレポートにまとめ、最後にプレゼンテーションを行います。あらゆる教科で問いかけ続ける授業を行い、自ら考えることを常態化することで、知的好奇心を刺激し、創造する力、発想する力を育てていきます。これを本校の教育の柱にしました。」

こうして、ＩＱ（知能指数）よりＣＱ（好奇心指数）・ＰＱ（情熱指数）を高めていくのです。

この「相互通行型授業」は今年度より始まっており、その成果がすでに現れ、生徒が生き生き輝いています。

「これまで静かだった授業が、騒がしいと思えるくらい生徒たちは自分の意見を活発に言い合っています。また、集中力が持続するようになり、授業が短く感じるようになったという生徒もいます。」

実際に授業を行う先生方も、生徒のモチベーションや学力の向上など、新たな授業の形態に手応えを感じています。

また、中学から育む必須の基礎力として「英語力」「サイエンスリテラシー」「ＩＣＴ」を位置づけています。

英語をツールとして活用できるように、聞く力・話す力を重視し、早い段階でネイティブの授業を理解できる「英語力」を身につけ、中3ではオーストラリアでの海外研修が用意されています。「サイエンスリテラシー」を身につけるために週1回はサイエンスラボで実験実習が行われ、多彩なフィールドワークで理科好きの生徒を増やしていきます。そして「ＩＣＴ」では、Wi-fi環境の完備、情報収集、問題解決に必須ツールとして、全生徒がiPadを持ち、学校のどこでも情報収集、情報発信ができる環境が整えられています。

新コースの設定でますます充実する教育環境

こうした戸板の新しい教育を実行するため、高校課程では、来年度より「スーパーイングリッシュコース」、「スーパーサイエンスコース」を新設し、「本科コース」と合わせて3コース制になります。

「スーパーイングリッシュコース」の特徴はイマージョン教育です。英語力に妥協のない戸板女子では、できるかぎり多くの科目を英語で学び、4技

能（読む・書く・聴く・話す）をバランスよく身につけます。

また、このコースでは高2の夏休みに、アメリカの有名大学で短期留学を行います。大学の学生寮に宿泊し、授業やワークショップを行う語学研修に参加します。そして高2では、全員が英検2級を、高3では、英検準1級、TOEFL550点を目標とします。

こうした多彩なプログラムを通して、多くの授業を英語で行う大学・学部、海外の大学などへの進学をめざします。

「スーパーサイエンスコース」は、近年増えている理系を志す女子生徒のためのコースです。サイエンスラボでの実験を重視した授業を展開し、研究者たる姿勢で学びます。高1で生物・化学・物理の基礎知識と実験技術を身につけ、高2から専門分野を追究し科学的思考力を高めます。自らの研究テーマを見つけ、高校3年間で大学の研究室にいるかのように集中して自分の研究を行うのです。

「理科が好きで理系を志望する生徒たちが、理科について遠慮なく話せるコースです。ネイチャーやパブメドなどの論文に触れ、サイエンスラボで3年間入り浸ってほしいです。」

こうしてサイエンスリテラシーと自ら学び続ける自発的な学びの姿勢を身につけ、将来の夢が見つかり、最先端理系学部、医歯薬学部、獣医学部などへ合格する力を引き出していきます。

「本科コース」では文理を問わず、幅広い教養の習得をめざし、相互通行型学習を通して、自ら学ぶ姿勢を身につけていきます。

「本校には圧倒的な授業力があります。戸板で学んだ6年間で生徒たちは飛躍的な成長を遂げ、社会に出たときに、『戸板での6年間で成長した』と言われる学校にしていきます。日本で一番変化した学校になると思います」と大橋先生は自信を持たれます。

いま、旧態を廃し、新しく21世紀型の学校へと大きく舵をきった戸板中学校に大きな注目が集まっています。

学校説明会

11月 9日（土）14:00～15:30
12月 4日（水）10:00～11:30
12月 7日（土）14:00～15:30
1月10日（金）10:00～11:30

オープンスクール（要予約）

11月23日（土・祝）9:30～12:00

入試模擬体験会

12月22日（日）9:30～11:00

学校見学会

11月 9日（土）14:00～16:00
12月 7日（土）14:00～16:00
12月25日（水）10:00～12:00

SCHOOL INFO

戸板中学校
東京都世田谷区用賀2-16-1
東急田園都市線「用賀」徒歩5分
TEL　03-3707-5676
URL　http://www.toita.ed.jp/

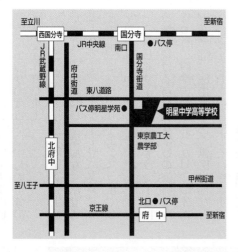

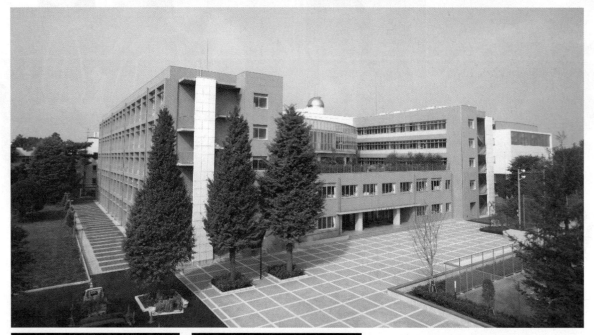

（三角形ADEの面積）：（三角形ABEの面積）＝AD：AB
（三角形ABEの面積）：（三角形ABCの面積）＝AE：AC
よって、
（三角形ADEの面積）：（三角形ABCの面積）
　＝AD×AE：AB×AC

図ア

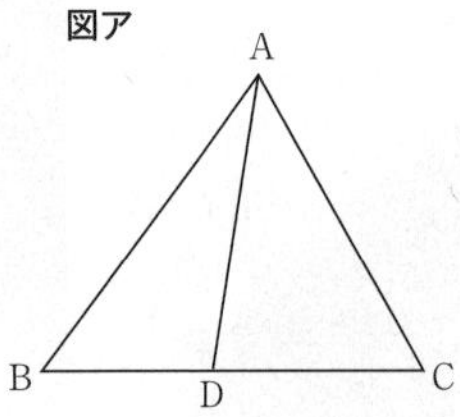

図イ

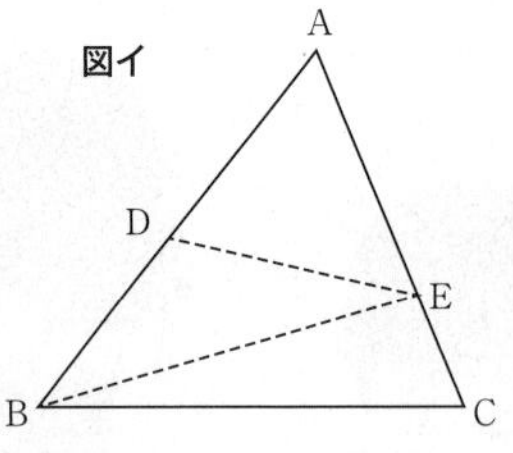

解説と解答

(1) 三角すいABCDと三角すいABQRは高さが等しいので、その体積は底面積に比例しますから、
（三角すいABCDの体積）：（三角すいABQRの体積）
　＝（三角形BCDの面積）：（三角形BQRの面積）
　＝（BC×BD）：（BQ×BR）
　＝（5×6）：（3×3）＝10：3　………①
（三角すいABQRの体積）：（三角すいPBQRの体積）
＝（三角形ABQの面積）：（三角形PBQの面積）
＝AB：PB＝6：4＝3：2　………②
①、②より、3つの三角すいの体積比は、10：3：2

答え　10：3：2

(2) 図4の展開図を組み立てると、図ウのようになります。図エの太線の立体（色線で表しています）は、図ウにおいて、辺EH上にEK＝8cmとなる点Kを、辺EIの延長上にEL＝12cmとなる点Lをとり、頂点EKLJを結んだ三角すいを表しています。この三角すいEKLJの各面は図5の4つの三角形と合同になるので、三角すいEKLJは図5の4つの三角形を用いてできる三角すいと合同になります。このことと、三角すいEHIJと三角すいEKLJは頂点Jが共通なことから、
［ア］：［イ］
　＝（三角すいEHIJの体積）：（三角すいEKLJの体積）
　＝（三角形EHIの面積）：（三角形EKLの面積）
　＝（11×9）：（8×12）＝33：32

図ウ

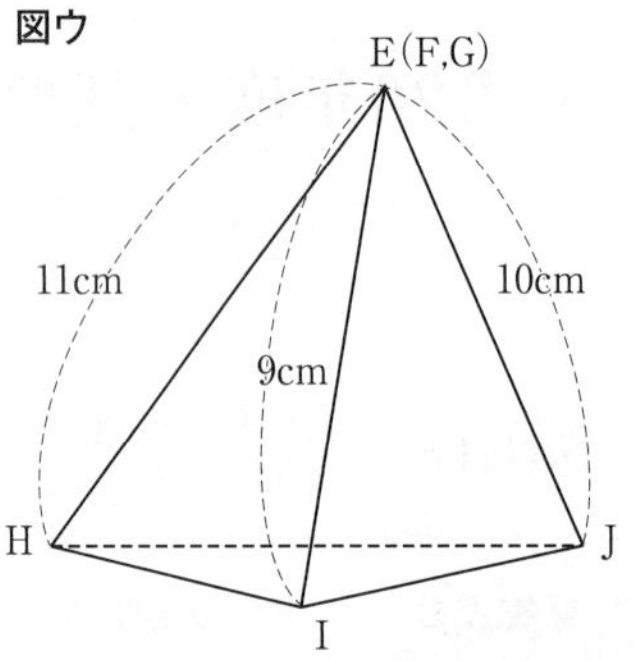

図エ

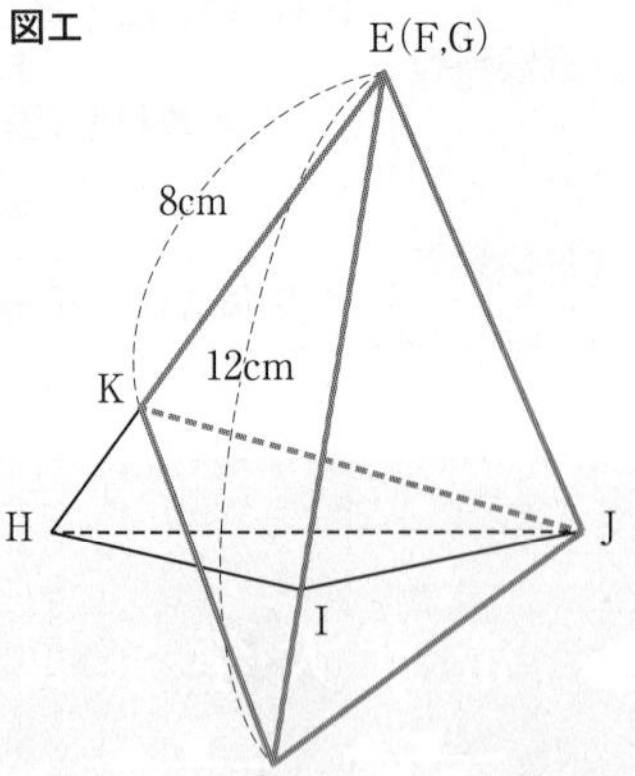

答え　33：32

中学入試 この問題解けるかな？

麻布中学校　2013年算数より

問題

図１のような立体を三角すいといい，その体積は（底面積）×（高さ）÷３で求められます。以下の問いに答えなさい。

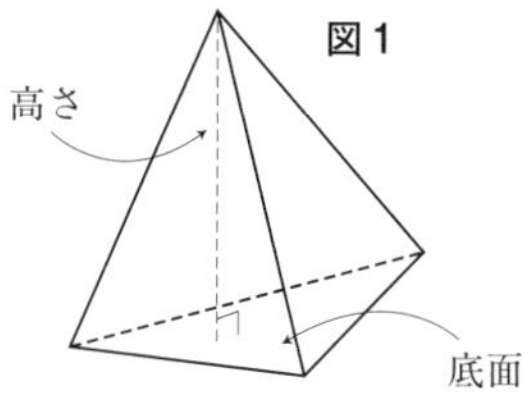

図１

(1) 図２において，三角すいABCD，三角すいABQR，三角すいPBQRの体積の比をできるだけ簡単な整数の比で表しなさい。

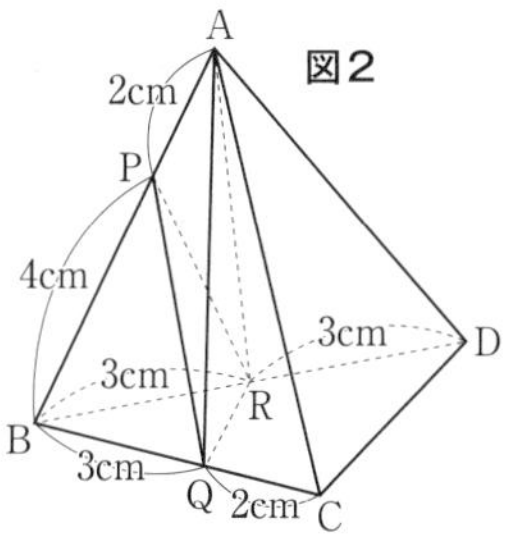

図２

(2) 図３の三角形EFGの形をした紙を使って２つの三角すいを作ります。図４の点線を折り目として頂点E，F，Gを一致させるように折って作った三角すいの体積を［ア］cm^3，図５のように４つの三角形に切り離し，同じ長さの辺を重ね合わせて作った三角すいの体積を［イ］cm^{3}とします。［ア］と［イ］の体積の比をできるだけ簡単な整数の比で表しなさい。

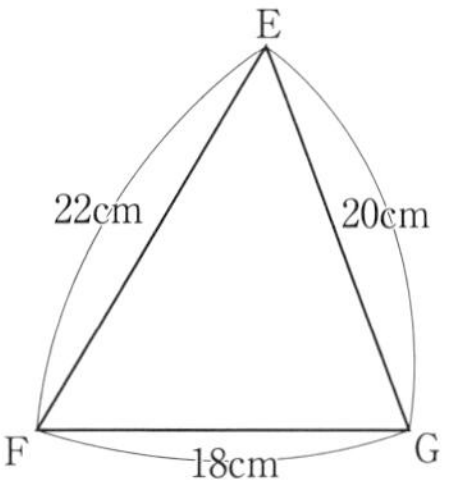

図３

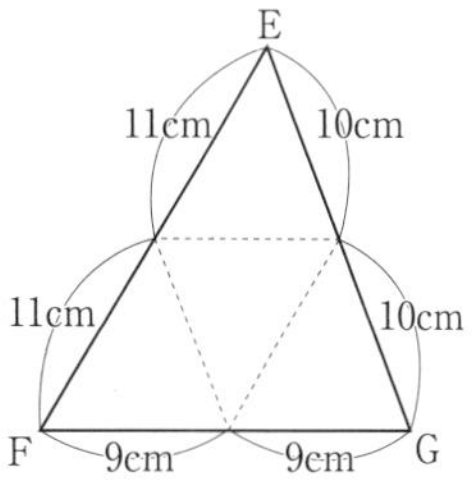

図４

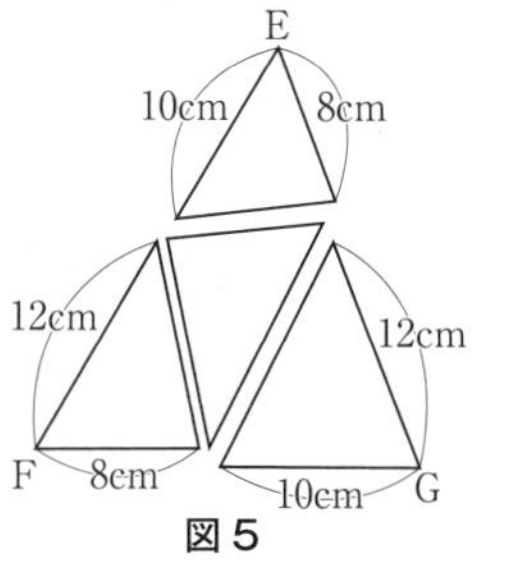

図５

解法のポイント

実際に体積を計算するのではなく、高さが等しい三角すいの体積比は底面積の比に等しくなることを利用します。また、三角形の面積比は、次のような線分比と面積比の関係を利用しましょう。

＜1＞　１つの頂点が共通な三角形の面積比

図アにおいて、２つの三角形は高さが等しいので、

（三角形ABDの面積）:（三角形ACDの面積）＝BD：CD

＜2＞　１つの角が共通な三角形の面積比

図イにおいて、＜1＞より

学び力伸長システム

自分の学習法を発見し、自学力を身につける

安田学園は、グローバル社会に貢献するリーダーを育成するために、自ら考え学ぶ力を伸ばす授業と、課題を追究し解決する教科外学習により創造的学力の資質を育てる「自学創造」教育に取り組んでいます。

学習法体得授業

中学段階では、英語と数学で各々2時間続きの「学習法体得授業」が年間16回、平常授業時に設定されています。

事前に予習・復習の方法がレクチャーされ、授業を挟んでこの時間内で予習と復習を行い、チェックリストを用いて学習法を自己チェックし、自分の学習法を見直します。また、先生からのアドバイスを受けます。

平常授業での学習法体得授業の実施回数

24回×2教科

	1学期		2学期		3学期
	前半	後半	前半	後半	
1年生	3	3	2		
2年生	3	3	2		
3年生			3	3	2

学び力伸長システム責任者の志田先生は「全国的な学習調査でも中学段階で学習法をつかみ伸びた生徒が、大学入試直前の高3で伸びる確率が高いと言われています。これは、将来社会人として主体的に生きるために必要な力で、結果として大学入試にも生きるはずです。だから、中学段階で自ら考え学ぶ方法を身につけることが、生徒一人ひとりの生き方を方向つけることになると確信しています」と力強く述べています。

習熟度チェックテスト・放課後補習

英語、数学で毎週4回、朝の学活前に授業内容の習熟度チェックテストを実施。理解が十分でない生徒には放課後、懇切丁寧な補習指導が行われます。そこで、理解させできるように導くことはもちろんですが、不十分だった原因を探り、自分で学べるように学習法を改善することが大きな目的です。

学習法体得合宿

また、6月に行われる中1～3の「学習法体得合宿」では、英数国の授業を挟んだ予習・復習に、ホテルの大研修室で、273 名全員が一緒に取り組みます。

合宿終了後、1 年のA君は「間違えた問題を繰り返し解いて、できるようになるまでやる学習法がいいと思った」、B 君は「勉強はつまらないと決めつけていたけど、実際は楽しいものなんだなぁと感じた」、2年の C 君は「人に教えることを想定して考え理解する学習法を発見した」、3年の D 君は「新しい問題を次々と解く楽しさ、別解を発見できる面白さが数学だと思った」といった感想を書いてくれました。

中３までに学習法を確立する 学び力伸長システム

このシステム（学習法体得授業・合宿・習熟度チェックテスト・放課後補習）により育てた主体的に考え学ぶ力を、高校後半での進学に向けた学習に活かし、難関大進学を実現します。

同時に、将来自ら学び続け、困難な問題を解決する創造的学力の基盤をつくります。

学校完結型学習指導

学校完結型学習指導 **学び力伸長システム**

- ●自ら考え学ぶ授業
- ●学習法体得授業
- ●学習法体得合宿
- ●夏期・冬期講習
- ●習熟度チェックテスト → 放課後補習

▶

進学力伸長システム

- ●放課後進学講座（5年3学期～6年2学期、2時間）
- ●進学合宿（5年3月）
- ●センター模試演習講座（6年12月～1月）
- ●国公立２次・私大入試直前講座（センター後）
- ●夏期・冬期講習

▶

将来も持続する学び力

難関大学進学

※合宿の実費以外は費用無

先進コース：男女 40 名 ／ 総合コース：男女 110 名

安田学園中学校

〒130-8615東京都墨田区横網2-2-25　E-mail nyushi@yasuda.ed.jp　TEL 03-3624-2666

入試広報室直通 0120-501-528　JR両国駅西口徒歩6分／都営地下鉄大江戸線両国駅A1口徒歩3分

学校説明会

11/23（土･祝）	8:30	同時開催 入試体験（要予約）
12/22（日）	9:00	同時開催 入試解説（予約不要）

http://www.yasuda.ed.jp/

人間力、輝かせよう。

一人ひとりの学力を伸ばし、個性を膨らませる。
独自の教育方針で、人間力を豊かに育みます。

Information（募集定員146名）

中学受験生・保護者対象説明会 10:30〜

11月 1日（金）　※**11月24日**（日）
12月21日（土）　**1月 9日**（木）

※印の説明会では英語の体験学習を行います。

見学できる行事

球技大会／東京体育館	10月29日（火）
イングリッシュファンフェアー	11月 9日（土）
英語祭	12月14日（土）
百人一首大会	12月20日（金）
スピーチコンテスト	3月 8日（土）

2014年度中学入試要項

募集人員	入試科目	入学試験日
第1回 30名	4科	2月1日（土）A（14：00） 2月1日（土）B（15：00）
第2回 50名	2科または4科	2月2日（日）9：00
第3回 35名	4科	2月3日（月）9：00
第4回 31名	4科	2月5日（水）9：00

※合格発表は入学試験当日になります。

連絡を頂ければ随時、学校説明をいたします。
また、学校見学もできます。

学校法人 八雲学園

八雲学園中学校

〒152-0023 東京都目黒区八雲2丁目14番1号 TEL.03-3717-1196（代） http://www.yakumo.ac.jp

問題は86ページ

ジュクゴンザウルスに挑戦！

熟語パズル

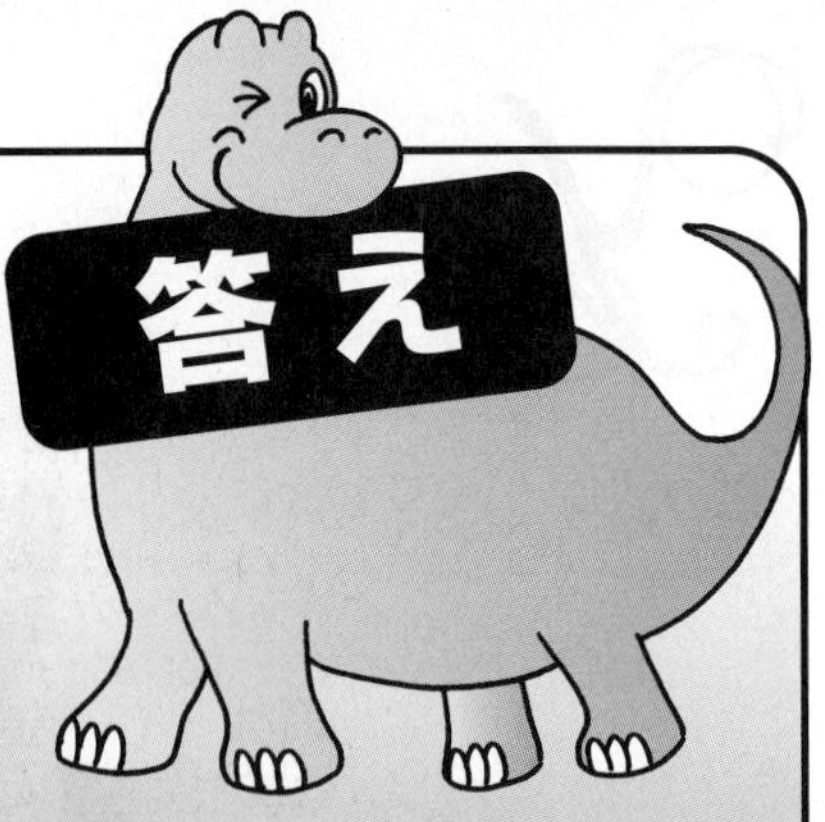

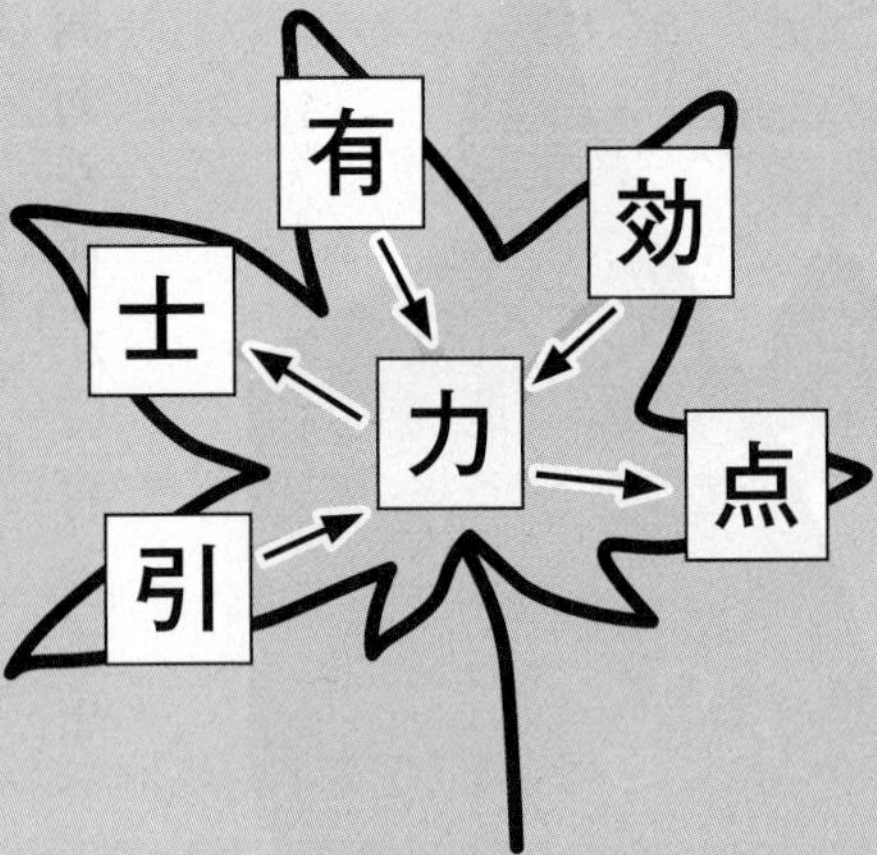

答え

もみじの絵のようになります。読む向きが合っていれば、漢字が入る場所はこの絵と違っていてもかまいません。

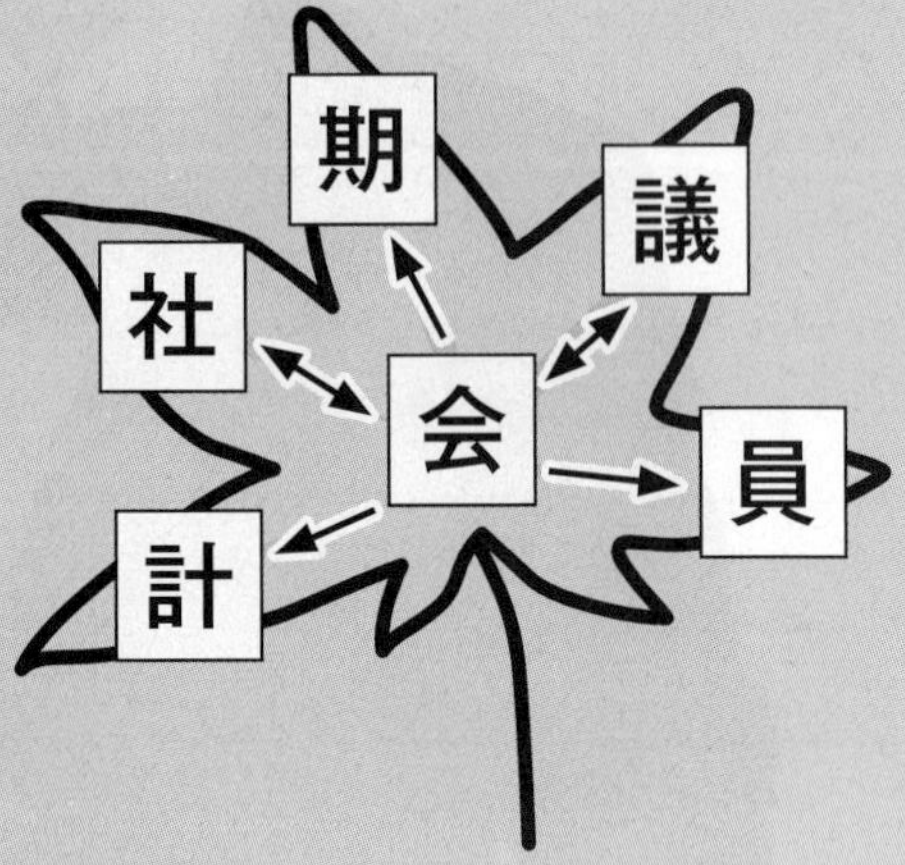

読む向きが矢印でしめされているので、みんな答えにたどりつけたと思うけど、どうだったかな。会社と社会、議会と会議、牛乳と乳牛、日本と本日のようにひっくり返すと違う意味になる熟語を探してみるのも楽しいよ。さて、「会」という漢字だけど、中学受験では「え」と読む時が要注意。会得（えとく）、一期一会（いちごいちえ）などだね。調べてその意味も覚えておこう。

【熟語の意味】

引力（物体と物体が互いに引き合う力）
力士（相撲取り。力の強い人、力持ち）
有力（勢力や威力などがあるさま。 強い可能性があるさま）
効力（効果をあげる力）
力点（てこの原理で物を動かすときに力を加える場所）

会計（代金の支払い。金銭の出し入れをする仕事）
社会（人間が共同生活する有り様。人間の集団としての営み）
会社（企業や法人など、目的を同じくして働く場所、集団）
会期（集会や国会、地方議会が活動する期間）
議会（国会・都道府県・市区町村などの議員で組織された会、機関）
会議（関係者が集まって相談をし、物事を決定すること）
会員（ある会に加わっている個人、会社など）

千葉明徳中学校

●千葉県千葉市中央区南生実町1412　●京成千原線「学園前」徒歩1分　●TEL：043-265-1612　●http://chibameitoku.ac.jp/

問題

3　2012年はロンドンオリンピックの年でした。千葉明徳中学校の勇太君は、オリンピックを見に、日本から飛行機に乗って、イギリスにあるロンドンに行きました。日本と世界の国々では、時差という時刻のずれがあります。東に経度（たて線）が15度ずれるごとに１時間だけ時刻が進みます。このとき、次の問いに答えなさい。なお、解答用紙には結果（答）を出すまでの途中の考え方も言葉や式を用いて書きなさい。

(1) 日本とイギリスのずれが135度であるとき、日本とイギリスの時差は何時間になるかを求めなさい。

(2) 勇太君が乗った飛行機はロンドンまで12時間40分かかりました。
日本を８月１日の午前11時30分に出発したとき、到着するのは、イギリスの時間で何月何日の何時何分になるかを求めなさい。

解答　(1) 9時間　(2) 8月1日の午後3時10分

学校説明会併設イベント　要予約

11月２日(土)13:30～15:00
入試練習会(国･算)を実施
11月23日(土祝)10:40～12:00
入試解説(国･算)を実施
12月15日(日)10:40～12:00
入試練習会(国･算)を実施

親と子の天体観測会　要予約

11月27日(水)17:00～18:30

東海大学付属高輪台高等学校中等部

●東京都港区高輪2-2-16　●地下鉄南北線・都営三田線「白金高輪」徒歩6分、都営浅草線「泉岳寺」徒歩7分　●TEL：03-3448-4011　●http://www.takanawadai.tokai.ed.jp/

問題

三　次の問いに答えなさい。

問一　次の1～5の中から、音読み・重箱読みに該当するものをそれぞれ一つずつ選び、番号で答えなさい。

1　学校　2　野原　3　素顔　4　新芽
5　合図

問二　次の1～4の文で、敬語でないものを一つ選び、番号で答えなさい。

1　私は作文を書いています。
2　お茶の時間です。
3　それをやってもらえる。
4　あなたは何でもご存じだ。

問三　次の1～5の文で、慣用句の使い方に誤りがあるものを一つ選び、番号で答えなさい。

1　俺の努力には頭が低い。
2　目を皿のようにして探した。
3　彼は口が堅いから信用できる。
4　借りてきた猫のようにおとなしい。
5　覚悟を決めた。もうまな板の鯉だよ。

問四　――線部ア・イの漢字として適切なものを、次の1～5からそれぞれ一つずつ選び、番号で答えなさい。

組織のアタイセイを整備する。
このゲームのイタイセイは決まった。

1　体制　2　体勢　3　退勢　4　大勢
5　態勢

解答　問一　音読み 1　重箱読み 4　問二　3　問三　1　問四　ア 1　イ 4

学校説明・見学会

11月10日(日)
10:00～12:00　学校説明会
12:00～15:00　校内見学
1月12日(日)
10:00～12:00　学校説明会
12:00～15:00　校内見学
※入試相談コーナー開設
※校内の食堂利用可

おいしく食べて、ママも子どももみんなHAPPYになぁれ♪

忙しいママ必見!

クラスのアイドル弁当

しっとり柔らか食感♪かじきのカレー風味弁当。かじきの切り身は骨がないので扱いやすく、忙しい朝のお弁当作りにオススメ!
フライパンで同時調理したいんげんとちくわの甘辛炒め、チーズを入れてふんわ〜り食感のチーズ入りスクランブルエッグで
やさしい味わいのお弁当。

かじきのカレー風味弁当

（材料は2人分）

※直径26cmのフライパンを使用

かじきのカレー焼き

かじき…2切れ
エリンギ…1本
「コンソメ」顆粒…小さじ1/4
Ⓐ 酒…大さじ1
　カレー粉…小さじ1
　塩…少々
　こしょう…少々
Ⓑ 水…大さじ1
　しょうゆ…小さじ1/2
サラダ油…小さじ2

いんげんとちくわの甘辛炒め

さやいんげん…4本
ちくわ…2本
パプリカ（黄）…1/4個
「ほんだし」…小さじ1/4
Ⓒ しょうゆ…小さじ1/2
　みりん…小さじ1/2
サラダ油…小さじ1

チーズスクランブルエッグ

卵…2個
ピザ用チーズ…40g
水…大さじ1
「コンソメ」顆粒…小さじ1/4
トマトケチャップ…お好みで
サラダ油…小さじ1

「味の素KKコンソメ」〈顆粒タイプ〉

「ほんだし」

作り方（調理時間約15分）

①切る・下味つけ

かじきは棒状に切り、「コンソメ」、Ⓐで下味をつける。エリンギはさく。

ポイント
かじきは棒状に切ると、たれがしみ込みやすく、火の通りも早い!
たれに「コンソメ」を加えるとコクがプラス!

②切る

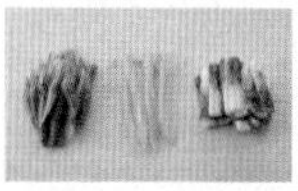

さやいんげんは斜め切り。ちくわはヨコ半分、タテ4等分。パプリカは細切り。

ポイント
材料は大きさをそろえて切ると火の通りが均一に!

③混ぜる

ボウルに卵を割りほぐす。チーズ・水・「コンソメ」を加え混ぜ合わせる。

④炒める

油を熱し、炒める

ポイント
「コンソメ」を加えると、うま味と風味がアップ!チーズを入れると、ふんわりとした食感に。

⑤焼く

油を熱し、かじきを中火で3〜4分焼く。

ポイント
転がしながら焼いて、火をしっかり通す。

⑥炒める

かじきのとなりに油を入れ、いんげん、ちくわ、パプリカを炒める。

⑦味付け

「ほんだし」、Ⓒで味つけをし、取り出す。

ポイント
「ほんだし」を加えて香りよく!

⑧炒める

エリンギ、Ⓑを加え、かじきと一緒に炒め合わせる。

盛り付けポイント

ご飯を弁当箱の2/3ほど詰める。ご飯のとなりにスクランブルエッグを詰め、お好みでトマトケチャップをかける。ご飯の上にカレー焼き、甘辛炒めをのせる。レタスでスクランブルエッグを仕切ると、味が移りません!

画像提供：味の素株式会社

本物より本物らしい宇宙

無限に広がる宇宙を再現する
スーパープラネタリウム「MEGASTAR（メガスター）」。
今まで見たことがない星の数に感動し、涙を流す人たちも。
開発者であるプラネタリウム・クリエーター大平 貴之氏に
その魅力を伺いました。

僕の原点

「何にでも興味を持った科学少年」

小さい頃から色々なことに興味を持っていました。鉱物や生物、天体など、新しいことを見つけてきては、それに没頭していました。特に化学実験が好きで、最初は、線香花火をつくりました。しかし、それだけでは満足できず、ロケット花火、さらにはロケットづくりにも挑戦。ですが、最初のうちはうまくいかず、空中分解してしまったこともありましたが、諦めずに研究を続けた結果、ついにロケットを飛ばすことに成功。勢いよく青空に吸い込まれていくロケットの姿を見たときは、本当に嬉しかったですね。

プラネタリウムに魅せられたきっかけ

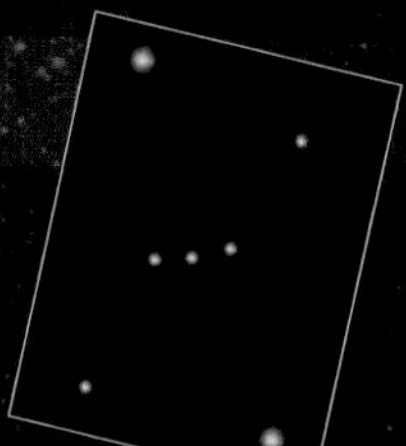
夜光塗料でつくったオリオン座

幼稚園のときに、初めてプラネタリウムに連れて行ってもらったんです。いつも見ている星空との違いに驚くとともに、とても感動しました。今思うと、その経験がプラネタリウムづくりに目覚めたきっかけだったのかもしれません。小学校4年生のときに、自分の部屋に夜光塗料で星空を描きました。それが最初の自作のプラネタリウムです。そのとき、いろいろな人に褒められたことがとても嬉しかったので、どんどんプラネタリウムづくりにハマっていきました。高校の文化祭でピンホール式の大きなプラネタリウムを製作したときも、先生や友だちに「すごい！」と褒められて。「もっと凄いものをつくりたい！」という意欲が沸いてきました。そして、大学時代にアマチュアでは例のないレンズ投影式プラネタリウム「アストロライナー」の開発に成功しました。

アストロライナー

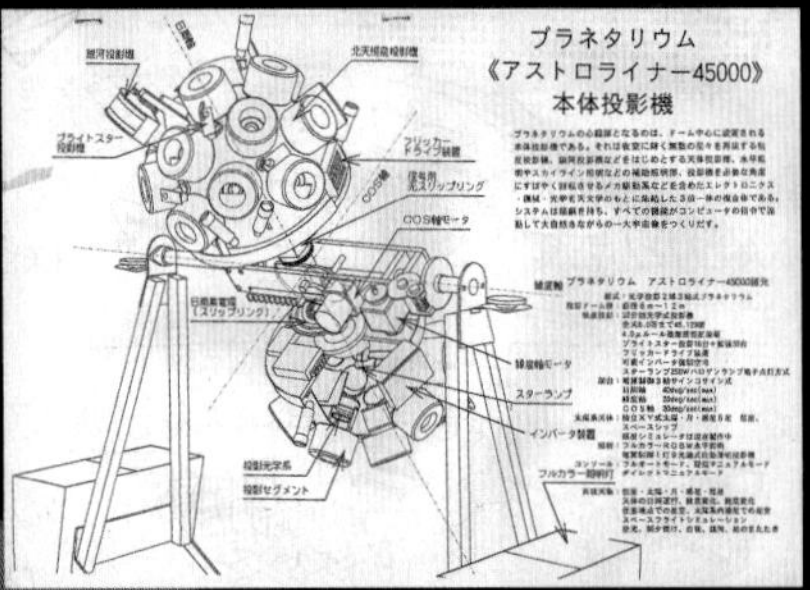

アストロライナーの図解

大平 貴之

プラネタリウム・クリエーター。小学生の頃からプラネタリウムを自作し、1998年、従来の100倍以上の星を映し出すMEGASTAR（メガスター）を発表。2004年、投影星数560万個のMEGASTAR－II cosmosがギネスワールドレコーズに認定された。ネスカフェ・ゴールドブレンドのTVCMにも出演。セガトイズと共同開発した家庭用プラネタリウム「HOMESTAR」の販売台数は累計65万台を突破。国内外施設へのMEGASTAR設置のほか、大型イベントやアーティストとのコラボレーションで常に新しい可能性を切り開いている。

私の夢

超巨大空のエンターテインメント

プラネタリウムというと、椅子に座って上映中はおしゃべり禁止。飲食もダメで、終わったらすぐ帰るというようなプログラムがほとんどです。しかし、それだけがプラネタリウムの形ではないと考えています。私の夢は、直径1kmくらいもあるドーム型プラネタリウムを製作することです。そのドームの中には様々なアトラクションや飲食店があって。それを楽しみながら、ふと空を見上げると満天の星空。そんな夢のような一日を過ごせる空間をつくりたいんです。そこでは、星空だけでなく、普段見られないようなオーロラや虹なども映し出して、たくさんの方に、もっと空を好きになってもらいたいと思っています。

メガスターの最大の魅力

1998年国際プラネタリウム協会 ロンドン大会の様子

MEGASTARが普通のプラネタリウムと違う点は大きく3つあります。

まず、個人製作であること。次に、持ち運びができるという点。そして、星の数が桁外れに多いということ。MEGASTARは、「本物の星空を再現する」ということを主眼において製作しています。だから、170万個もの星を映し出すことができるのです。この数は、普通のプラネタリウムの100倍以上にもなります。たとえば無数の星の集まりである天の川も、MEGASTARでは一つひとつの星をしっかりと投影し、星の集合体として表現しているんです。

1998年の国際プラネタリウム協会ロンドン大会で発表したMEGASTARは、大きな話題を呼びました。「何個星が見えるのか？」と聞かれ、「1million（100万）」と答えたところ、「pardon?！（失礼ですが…）」と聞き返されてしまいました。

その後もMEGASTARは進化し続け、2008年には投影星数2200万個の「SUPER MEGASTAR-Ⅱ」を発表しました。

「SPACE BALL」製作のストーリー

2011年、エストニアのタルトゥで全天球型プラネタリウムを設置しました。その迫力ある画像がtwitterなどのメディアを介して世界中に広がり、テレビ東京の関係者の目にとまったのが、「SPACE BALL」プロジェクトの始まりです。今回はゼロからつくるということにこだわりました。その結果、今までにない全く新しい形の全天球シアターを生み出すことができました。「SPACE BALL」では、ロケットに乗って宇宙の果てまで旅をすることができます。最新技術を駆使した映像と音楽によって、これまでに味わったことがない本物の宇宙体験ができるはずです。

まだ間に合う！宇宙体験！

大平 貴之 開発プロデュース

IHI presents SPACE BALL

2013年11月17日（日）まで

休演日：10月28日（月）、11月5日（火）、10日（日）～14日（木）

会　場：豊洲IHIビル 1階アトリウム　東京メトロ有楽町線「豊洲駅」1C出口より徒歩5分

料　金（税込）：前売　一般 1,500円／小学生 500円、当日券　一般 1,800円／小学生 600円

10月1日（火）、早稲田アカデミーが約600名の方をSPACE BALLに招待。大迫力の宇宙体感に皆、大興奮！

参加者の声

★こんな世界、初めて見ました！まさに初体験！　★本物と比べてみたくなりました。★将来、宇宙飛行士になりたい！と思いました。★まだまだ宇宙には解明されていない謎がたくさんあることが分かりました。僕が解明していきたい！　★土星がとてもキレイで感動しました！

誰もが抱える悩みをパパッと解決!

福田貴一先生の福が来るアドバイス

中学受験を通じて様々な力を身につけましょう!

早稲田アカデミー
本社運営部長
福田　貴一

中学受験をすることを決め、勉強を始めた瞬間から気になるのが目先の成績です。もちろん、「次のテストは100点を目指そう!」と目標を立てるのは良いことです。しかし、目先の目標ばかりを追い続けると、本当の意味で必要な力が身につかない場合があります。中学受験を無事に乗り切るためには、どんな力が必要なのか、また、その力を身につけるためには何をすれば良いのかについて考えてみましょう。

受験勉強で身につく力

中学受験を通じて子どもたちが得るものは何でしょうか。ひとつは言うまでもなく、「希望校に進学するための切符」です。そしてそれ以外にも、「勉強する習慣」「自分なりの学習ノウハウ」「忍耐力」「話を聞く力」「困難を乗り越える力」「真剣に取り組む力」「目標にむけて努力していく習慣」など、高校・大学受験の際や社会人になってからも必要になる様々な習慣や力を得ることができます。

たとえば、中学受験では欠かせない暗記も「自分なりの学習ノウハウ」のひとつです。子どもたちは小学校に入れば漢字の練習を毎日のように行います。しかし3、4年生までに習う漢字はたとえ毎日練習しなくても、5、6年生になれば自然に書けるようになるものばかりです。それをあえて毎日練習させる理由は「暗記をする習慣」と「暗記の仕方」を身につけさせるためなのです。

とはいっても、漢字を覚えさせるためだからと、すべての漢字を10回ずつ書かせても意味はありません。1回書けば覚えられるものを10回書いても、9回はただの作業にしかならないからです。反対に10回書いても覚えられない漢字は覚えられるまで書く必要があります。このように、漢字の練習を通して、子どもたちは自分なりの暗記方法、つまり、学習ノウハウを身につけていくのです。

「考え方」や「思考力」は教科に関係しない!?

小学4年生で学習する「速さ」の問題。「速さ」には3つの要素、「速さ」「距離」「時間」があり、【「速さ」×「時間」=「距離」】といった公式を覚えれば、ある程度の問題は解くことができます。しかし、本当の意味で子どもたちに身につけさせなければならないのは、公式を使って解くことではなく、「なぜ、そうなるのか」といった考え方です。

たとえば、「速さ」と同じように考えれば解ける問題に「割合」があります。「割合」にも、「割合」「元になる数」「比べる数」の3つの要素があり、計算式は基本的に「速さ」と同じ形です。また、理科で登場する水溶液の問題も「割合」や「速さ」と同じ形の式で解けます。つまり、「速さ」や「割合」の考え方を正しく理解できれば、その後に学ぶ算数の内容はもちろんのこと、理科の問題も応用ができるのです。また、「逆から考える力」も、算数ならば逆算、国語ならば理由を問う問題などのように、身につけさえすれば教科を問わずに活用することができるでしょう。

このように教科ごとの解き方にとらわれず、考え方や思考力そのものを身につければ、いずれの教科も飛躍的に成績が伸びる―。これも中学受験を通じて得ることができる力のひとつです。

成績はアップダウンするものです!

初めて塾に通い始めた子どもの場合、入塾してすぐのころは成績がどんどん伸びていくでしょう。

「このまま順調に伸びれば…」と期待されることと思いますが、初めのうちに伸びるのは、それまで勉強していなかったからのこと。ある程度勉強することが日常化すれば、成績はアップダウンを繰り返し、ときには停滞することもあるでしょう。でも安心してください。いずれ、成績は必ず伸びてきます。ただし、伸び悩んでいる時期にどれだけ我慢して勉強し続けられるかどうか。これが成績アップする時期や伸び幅にかかわってきます。

　では、成績が伸びるのはどんなときでしょうか。子どもによって個人差はありますが、3、4年生ならば、〝何となく中性的だった子が女の子っぽくなった〟〝男の子っぽくなった〟など、雰囲気や顔立ちが変わったとき、つまり精神的に成長したときです。しかし、精神的に成長したとしても、それまでの時期にどれだけ我慢し、知識を蓄積できたかによって、そのタイミングが訪れたときの伸び幅に違いが出てきます。

「頭の中のタンス」を鍛えましょう

　私は、頭の中には知識を入れるための「タンス」があると考えています。この「頭の中のタンス」は、1、2年生でいろいろな知識をインプットすることで、どんどんと大きくなり、頑丈になっていきます。そして、3、4年生では「頭の中のタンス」にたくさんの引き出しや仕切りを作ります。5、6年生になれば、さらに知識をインプットしながらも、それと同時に「頭の中のタンス」の引き出しを開け、そのなかから必要な知識だけを取り出す作業、つまりアウトプットトレーニングをしなければなりません。

　言うまでもありませんが、タンスというものは引き出しが多く、さらに仕切りがあればあるほど、なかに入れたものは取り出しやすくなります。つまり、5、6年生になってから、実力テストなどで力が発揮できるかどうかは、3、4年生のころに「頭の中のタンス」の引き出しや仕切りをどれだけたくさん作れたかによって変わってくるのです。

考えられる子どもに育てましょう

　中学受験勉強で大切なのは、「できるようになる」ではありません。もしも、「できるようになる」だけで良いのであれば、条件反射的に〝これが出たらそれ〟というパターン学習をさせれば良いだけです。特に3、4年生のころはパターン学習の成果が出やすく、時間さえかければある程度の成績が取れるようになります。しかし、このパターン学習だけで知識を身につけると、必ず5、6年生になったときに壁にぶち当たります。たとえ、何とか希望する中学校に合格したとしても、高校生、大学生になってもパターン学習のクセが抜けず、またもや壁にぶつかってしまうでしょう。その壁を乗り越えるためには、やはり、「頭の中のタンス」にインプットした知識をいろいろと組み合わせ、アウトプットできる力、つまり、考える力が必要になるのです。

　ある難関私立中学校の算数の先生は次のように言われました。「今まで見たことがない問題が出題されたとき、その場で『この問題ならばこうすれば解ける』と考えられる生徒が欲しい」と。この先生の言葉通り、これからの中学受験は「知らないから解けない」は通用しません。今、知っていることや、持っている知識で何とか解こうとする「考える力」「自分で切り開いていく力」、これが非常に重要なのです。

　もちろん中学入試では、初めて見るような難問ばかりではなく、基礎基本の問題も出題され、しっかりとした土台ができあがっているかどうかも確認されます。しかし、中学入試で合否を決めるのは、パターン学習の成果が出やすい基礎基本ではなく、そこからプラスアルファされる「考える力」「自分で切り開いていく力」なのです。そして、これらの力を身につけられるのが中学受験のための勉強であり、それこそが中学受験をする一番の目的であることを忘れないようにしたいものです。

作法室
Room for learning Japanese manners

Tea Ceremony Club and Koto Club use this room. Japanese manner classes are held in this room, too. All the students at Tokyo Joshi take this class.

普段、茶道部や箏曲部が使っています。
また、「礼法」の授業では、生徒全員がここで学びます。

Everyone, please repeat after me!
みんなも私のあとに続いて、発音してみてね！

LL教室
Language Laboratory

I usually use this classroom for my English classes. It's a wonderful room. Students use digital textbook to improve their listening and pronunciation.

普段、私も英語の授業で使っている自慢の教室。デジタル教科書を用いてリスニングを行ったり、自分自身の発音を確認したりします。

英語でミルミルわかる私学

Hello. I'm Jason Clark. Today, I'd like to introduce Tokyo Joshi Gakuen, where I teach English classes.
こんにちは。私は、ジェーソン・クラークです。
今回は、私が英語の授業を行っている東京女子学園を紹介します。

JASON CLARK《ジェーソン・クラーク》先生
1977年10月12日生まれ
カナダ バンクーバー出身
学生時代はバスケットボール部に所属
日本に来て10年、東京女子学園に赴任して7年

東京女子学園中学校
Tokyo Joshi Gakuen Junior High School

文化祭
School Festival

お茶
Tea Ceremony

Students in the Tea Ceremony Club make us green tea.
It's a little bitter but I can feel Japanese culture and I really like it.

茶道部が作法室でお茶を立ててくれます。
味は少し苦いけど、日本を感じられるので、とても好きです。

英語劇
English Play

Every year, the English Club students perform an English play.
This year on September 21st and 22nd, we performed "Peter Pan".

毎年、英語部が英語で劇を行います。
9月21日、22日の文化祭では、「ピーターパン」を上演しました。

体育祭
Sports Festival

Students work hard and run the Sports Festival by themselves. It is one of the main school events at Tokyo Joshi Gakuen.

生徒たちが自主的に運営する体育祭。東京女子学園を代表する行事の一つです。

ソーラン節
"Sohran Bushi"
(a Japanese traditional dance)

This is traditionally performed every year by Tokyo Joshi Gakuen 12th graders. Students put themselves completely into dancing "Sohran Bushi".

東京女子学園の伝統の舞。高校3年生が気持ちを込めて踊ります。

体育館
Gym

We move around and exercise here. I'm good at basketball.
みんな、ここで体を動かして汗を流します。私は、バスケットボールが得意です。

中ホール（ダンスフロア）
"Chu-Hall" (Dance Hall)

At Tokyo Joshi Gakuen, we have a place called "Chu-Hall", a dance hall.
The stage comes out by just pushing this one button.

東京女子学園には、中ホールというダンスホールもあります。
ボタン一つで設置できる舞台もあります。

I feel like dancing!
思わず踊りたくなっちゃいます。

東京女子学園独自の国際教育
世界の広さを知ってほしい。自分の可能性の大きさに気づいてほしい。

「WORLD《ワールド》 STUDY《スタディ》」
東京女子学園オリジナルのテキスト「WORLD STUDY」で世界の国々の環境や文化、社会問題などについて英語で学習します。世界情勢を深く理解し、考察することで、英語の基礎力はもちろん、自分の意見を英語で語れる表現力、コミュニケーション力も身につけられます。

生徒のバイブルになっている「WORLD STUDY」。海外には必ず持っていきます。

ハロウィンでは、毎年、仮装をして授業をしているよ！

LL教室での英語の授業

東京女子学園自慢のLL教室で行われる英語の授業は、iPadやDSを使用して、生徒の興味関心を引き出す工夫をしています。

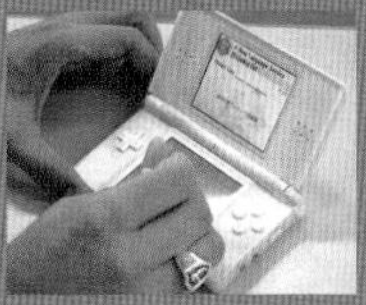

イングリッシュデイ

中学1年生は、英語によるスポーツ大会「イングリッシュ・スポーツフェスティバル」に参加します。体を動かしながら学習することで、英語への苦手意識がなくなります。

イングリッシュ・サマー・セミナー
中3・高1の希望者を対象に行われる、3泊4日の英語漬けの合宿です。最終日には、ドラマコンテストを開催。英語が楽しくなるセミナーです。

英語はとにかく毎日使うこと！毎日の積み重ねが英語への意識を変えるよ！みんなも、どんどん英語で話そう！！

ジェーソン先生に聞いた日本Q&A

Q 日本といえば？

A 剣道

剣道の『礼に始まり礼に終わる』という礼節は、まさに日本の文化。とても素晴らしい！

Q 日本に来て驚いたことは？

A ファッション（ビジネススーツスタイル）

カナダでは、スーツやネクタイを着用する機会は少ないのでびっくりしました！

Q 好きな日本語は？

A 一期一会

人との出会いを大切にするのは、私のモットー。自分にとって、とても大切な言葉です。

SCHOOL DATA | 東京女子学園中学校　〒108-0014 東京都港区芝4-1-30　TEL. 03-3451-0912
JR山手線・京浜東北線「田町駅」より徒歩5分／都営地下鉄三田線・浅草線「三田駅」より徒歩2分

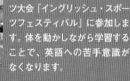

生　掲示板

帰国生を積極的に
受け入れている学校紹介など、
帰国後の入試や学習に関する
情報を発信します！

帰国生受入れ校訪問記　海城中学校

海城中学校は2011年度入試より帰国生の募集人数を30名に増やし、さらに2014年度の帰国生入試からは、入試科目に新たに英語を採用したC方式入試を導入するなど、帰国生の受け入れについて積極的に変化を加えています。また、海外の大学に進学するための基礎知識を伝えるために、校内で保護者・生徒向け説明会を実施するなど学校改革を行っています。その重要な役割を担っている教頭の中田大成先生に帰国生入試についてお話を伺いました。

海城中学校
（東京都/男子校）

海城の教育の目的は「新しい紳士」の育成。「フェアーな精神」で物事を判断し、「思いやりの心」で人に接する。「民主主義を守る意思」を強く持ち、「明確に意思を伝える能力」に溢れている。そのような人こそが新しい紳士であると考えます。

〒169-0072 東京都新宿区大久保3丁目6番1号
（JR新大久保駅 徒歩5分、
東京メトロ西早稲田駅 徒歩8分）
TEL：03-3209-5880
URL：http://www.kaijo.ed.jp/

■帰国生受け入れの趣旨

壹岐　まず、帰国生を受け入れ始めた趣旨について伺いたいと思います。

中田先生　体験学習などを通して異質な人間たちと関わって生きていくスキルを身に付けるための教育を10年間やってきました。そのような共生教育をよりグローバルな形、世界的な規模で広げていくという趣旨があります。

壹岐　近年、帰国生入試の募集人数を30名に拡大し、入学する帰国生が増えていますが、授業や体験学習などで帰国生について何か特長を感じることはありますか。

中田先生　中1・中2時に行う体験学習で、帰国生は積極性が高い傾向にあります。また、スピーチ力やプレゼン力が高い生徒がいます。例えば、総合学習におけるプレゼン授業や、生徒会長選挙に立候補する際に行うスピーチでその能力を発揮する生徒がいます。このような生徒たちが他の生徒たちに良い影響を与えてくれています。

壹岐　入学する帰国生はどのようにクラス分けされますか。

中田先生　3・4名ずつ、均等に8クラスに割り振ります。海外での色々な体験を国内の生徒たちと共有してもらうことが、先ほどの共生教育の一環になるため、帰国生のみのクラスを設置するということはありません。

■帰国生入試の各方式について

壹岐　来年度からC方式という英語を試験科目に加えた入試を導入されますが、これを導入する趣旨を教えてください。

中田先生　帰国生入試はA・B・Cと3方式あります。A方式は4教科型で一般入試とほとんど同様の形式です。難易度は一般入試より若干易しくなったもので、主に日本人学校や塾に通ってきた受験生を想定しています。

それに対してB方式は、北米のような日本人学校がほとんどない地域で現地校あるいはインターナショナルスクールに通われていた受験生を想定しています。北米の現地校で徹底して行われている問題解決型の授業で身に付けた力を見たいと考え、OECDが実施しているPISAの読解力テストをモデルにして完全自由記述式の設問を含む総合的な問題を出題してきました。

C方式は、このような記述問題に関して、日本語よりも英語で記述する方が取り組みやすい受験生たちに対して言葉の壁を越えて自分の力をアピールできる機会を設けようということで設置しました。

壹岐　では、C方式の英語ではどのような点を重視しますか。

中田先生　まず、総合では、自分の考えが相手に伝わるように、いかに説得的かつ論理的に語れるかということ、言うならば適切な一例、あるいは根拠を示して自分の主張をまとめられるか、というところを見ています。C方式の英語でも同様に、単語の間違いや文法の正確さよりも、論理の組み立てや主張と根拠の適合性を重視して採点をしていきます。ホームページに掲載しているサンプル問題を見ていただくことが何よりですが、いわゆる日本の読解力を中心とした受験英語の対策をしても有利になるような種類の問題ではありません。最低英検2級を取得しているか取得可能な英語力がないと、それだけの文章は書けないと考えられます。なお、入学後に実施している放課後の特別英語講習では、参加生徒のうち10名弱は英検準1級を取得していて、今年は1級を保有している生徒もいます。英検で測定される英語力とC方式の英語で求められる力とは、必ずしも一致しないので一概には言えませんが、C方式で受験する場合にはこのようなレベルの生徒が競争相手になるのかと思われます。

■帰国生入試の対策について

壹岐　帰国生入試のすべての方式で算数が課されていますが、どのような対策をしたらよろしいでしょうか。

中田先生　3年間帰国生入試を実施してきましたが、どの入試方式においても算数である程度の点数が取れないと合格は難しい状況になっています。算数対策については過去問練習をする時も、途中式を書く練習をしておくことが必要だと思います。一般入試では解答のみしか書けませんが、帰国生入試の算数については途中式を書かせます。さらに、論理展開について自分の言葉で、日本語で説明させるという問題も出題します。算数では仮に途中で計算間違いをしてしまっても、プロセスが合っていれば部分点を取れる形になっています。

壹岐　最後に一言、帰国生入試で受験を考えている生徒・保護者に、アドバイスをお願いします。

中田先生　早稲田アカデミーの先生の指導を信じて受験勉強に取り組み、ぜひ本校にチャレンジしてください。

お話　海城中学校　教頭　中田　大成先生
取材　早稲田アカデミー　教育事業推進部　国際課　壹岐　卓司

帰国生入試情報と合格実績

2014年度　帰国生入試日程・入試結果

募集人数	出願期間	試験日	合格発表日	選考方法
30名	2013年12月9日（月）～2014年1月6日（月）	2014年1月7日（火）	2014年1月8日（水）	A方式：算・国・社・理・面接 B方式：算・総合・面接 C方式：算・総合・英語・面接

年度	募集人数	受験者数		合格者数		入学者数	
		日本人学校	現地校	日本人学校	現地校	日本人学校	現地校
2013	30名	113	36	44	16	21	10
2012	30名	87	45	55		15	15
2011	30名	63	44	22	21	11	11

※出願資格などは必ず募集要項や学校のホームページをご確認ください。

2013年度　大学合格実績

国公立大	合格者数	私立大	合格者数
東京大学	40名	早稲田大学	176名
京都大学	10名	慶應義塾大学	131名
一橋大学	16名	上智大学	33名
東京工業大学	14名	東京理科大学	87名
国公立大学医学部合計	44名	明治大学	97名

※大学合格実績は全卒業生からのもので、帰国生のみの実績ではありません。
※国公立大学医学部の数には、東大理Ⅲ3名、防衛医大2名が含まれます。

海外の学習体験談や
海外各都市の塾情報など、
海外での学習に役立つような
情報を発信します！

海外生＆帰国

海外でがんばる先生 in 香港

海外の学習塾で子供たちの夢に寄り添い、奮闘している先生がいます。教育者の視点からみた海外に住む子供たちの様子や、自身の教育方針など、海外での教育や生活にまつわる話を伺いました。

圷《あくつ》 加寿男《かずお》先生

2007年6月に香港に赴任。現在epis Education Centre香港教室の教室長を務め、香港の子供たちに、算数や数学の受験指導をしている。

香港ってどんなところ?

■正式名：中華人民共和国香港特別行政区
■公用語：英語と中国語(事実上の共通語は広東語)
■人口：約717万人(2012年)
■気候：春・夏は高温湿潤、秋・冬は温暖で乾燥している。
温帯夏雨気候に属している。

香港島と九龍島、その他235ほどの島を含めて、「香港特別行政区」と呼ばれている。区旗の表す赤が「一国二制度」を象徴するように、1997年英国からの返還後も、中国の中では資本主義の自由を謳歌する特別な地域である。あらゆる面で中国本土とは異なる香港独自の政策や行政システムが貫かれている。約95%が漢民族だが、多民族・多宗教が存在するエネルギッシュな地域である。

■様々な国を旅行した経験から、海外で働きたいという思いがあり、香港へ赴任しました。

中南米や中央アジアの国々へ、バックパッカーとして旅をした経験をお持ちの圷先生。日本の中学校の数学科教員として２年間勤務されていましたが、「海外で働きたい」という思いを叶えるため、転職活動を開始。その結果、縁あって香港の学習塾epis Education Centreに勤務することとなりました。

ローカルな地域では英語がほとんど通じない香港は、圷先生にとって初めての土地でした。しかし言葉が通じない国々に数多く足を運び、言葉を使わないコミュニケーションを経験したことから、言葉が通じないこと自体にはあまり抵抗はなかったそうです。今でも広東語環境で生活に困ることはないとのこと。

「香港は都会ですので、日本並みの生活ができます。日本食も豊富ですし、日本と環境はあまり変わりませんが、都会を外れると、インド系・マレー系、欧米人など、多種多様な国籍の人であふれています。そこが香港の魅力です」と、圷先生。プライベートではサッカーを趣味とし、香港での生活を満喫されています。

■香港には、様々な特色をもつ学校があります。

香港にも様々な種類の学校があります。英語を習得していない状態で入学できるインター校もあり、入学後英語をカバーするための授業（ＥＳＬ）も行っているため、日本人の子供も多く通っています。また、元々香港はイギリス領だったため、イギリスの学校をはじめ、アメリカ、カナダ、フランスなど世界中の教育制度に準拠したインター校も存在し、このような学校に通う子供たちは英語に強くなる傾向があります。もちろん日本人学校を選ぶ生徒も多いそうですが、事前に候補となる学校についてよく調べ、進学先を選択することが大切です。

■少人数の特性を活かした活気のある授業を大切にしています。

epis Education Centreにも様々な目的をもって子供たちが通っています。学校帰りに自習に来たり、先生と話をしにくる子供も多いそうです。1クラスを少人数とし、一人一人に目が行き届く教室運営をしています。講義だけではなく、授業中には生徒たちの意見やアイデアを聞くなど、先生と生徒間でやりとりをすることで、活気のある授業作りを大切にしているそうです。

■「多様な価値観を受け容れられる人に育ってほしい」と、子供たちに望んでいます。

香港では土地柄として多くの外国籍の人々が生活しているため、日常生活で自分自身が「外国人」だと意識することは少なく、異なる価値観を持つ人々が当たり前に共存する環境だそうです。

子供たちは、そのような環境の中で多様な価値観を持つ人々を自然と受け入れています。「ただ、それは日本に帰ると当たり前ではなくなることも事実です。香港から日本に帰っていく子供たちが、多様な価値観を受け入れることのできるリーダーとして育ってほしいと思っています。」と圷先生。

また、都会としての香港は良くも悪くも日本と同じ生活ができてしまいますが、中心を少し外れると市場や商店街ではローカルの人々の活気ある姿が見られるそうです。郊外には自然があふれ、トレッキングコースも数多く存在するとのこと。

このような非常に恵まれた環境で、先生は「積極的に子供に海外体験をさせてほしい」と願っています。

【圷先生からのアドバイス】

日本とあまり変わらない生活が送れますが、その反面「飲茶」など香港特有のものを知らない子供がいたりします。香港の人は日本の文化が大好きです。中国であるという意識で閉じこもることなく、せっかくの機会ですから、滞在中は香港を満喫してください。ポジティブな思いをもって、香港に来てほしいと思っています。

サクセス研究所

身近に飼われている犬の不思議

愛らしいルックスとしぐさで人間を癒してくれる犬の存在。
家族の一員として飼われている犬ですが、もともとの役割や生態は
どんなものでしょうか。

今回犬の生態や不思議について教えてくれたのは『ペットの専門店コジマ』の毛呂嘉孝さんです。

柴犬

忠実で賢い、日本犬

日本を代表する犬と言えば「柴犬」ではないでしょうか。柴犬は主人に忠実で、非常に勇敢、そして、忍耐強い犬です。1936年には国の天然記念物として指定を受けました。

警戒心が人一倍強いため、時間を共有することで信頼関係を築いていきましょう。知らない人が急に頭を触ると噛みつかれてしまうかもしれません。

柴犬は中型犬ですがとても活動的なため、毎日しっかりと散歩（朝夕30分～1時間程度）や運動をさせなければなりません。ちなみに、柴犬と聞いて、渋谷駅にある「忠犬ハチ公」の銅像を思い浮かべた人もいるかもしれませんが、忠犬ハチ公は秋田犬なんですよ。

抜けた毛でまくらが作れちゃう？

柴犬の体はダブルコートと言って、短い毛と長い毛が生えているんです。上毛に生えている長い毛は直毛で固いのですが、下毛は短く綿毛のように柔らかくふわふわとしています。毛の生え変わりの時期には、この下毛のふわふわした毛でまくらが作れてしまうほどたくさんの毛が抜けるんです。

MEMO
体　高／40cm前後
体　重／8kg前後
原産国／日本

トイ・プードル

プードルって何種類いるの？

人懐っこく、頭もいいプードルはしつけもしやすく、数年前から人気の犬種となっています。その種類はスタンダード、ミディアム、ミニチュア、トイの4種類で、中でもトイ・プードルは近年、とても人気の犬種となっています。毛色は実にさまざまで、ブラウン、ブラック、ホワイト、グレー、ベージュ…と数えきれないほどです。

もともとは大型犬！？

小さくてかわいいというイメージを持たれているプードルですが、原型であるスタンダードプードルは実は大型犬なんです。フランスやイギリスでそのプードルがミニチュアからトイサイズへと、小さく改良され、今では小型犬が主流となっています。また、昔は水鳥用の猟犬として飼育されていたため、泳ぐことも得意なんですよ。

くるくるでかわいい毛並

プードルの魅力は何といってもくるくるとしたかわいらしい毛並ではないでしょうか。水鳥の猟犬として活躍していた時代は、水中から上がってすぐに毛が乾くように独特なカットが施されていましたが、今は毛をあまり刈らずに、顔周りの毛も残した「テディベアカット」が主流になっています。プードルの毛はすぐに伸びるのでこまめにカットをしてあげる必要があります。その点で他の犬種よりも少しお金がかかるかもしれません。

MEMO

体　高／28cm以下
体　重／3kg前後
原産国／

フランス

ミニチュア・ダックスフンド

ダックスフンドは何種類いるの？

胴長短足の愛らしい姿が人気のミニチュア・ダックスフンド。皆さんも街の中でたくさんの種類のダックスフンドを見たことがあるとは思いますが、サイズで言えばスタンダード、ミニチュア、カニーンヘンの3種類です。毛色が多いのも特徴の1つで、単色だと、ブラック、レッド、ゴールド、クリーム、2色になるとブラック&タン、ブラック&クリームなど実に多彩です。毛並は、スムースヘア、ロングヘア、ワイヤーヘアに分別され、サイズ・毛並の種類で分ければ、9種類ほどのバリエーションになります。長い毛並のダックスフンドはまめなブラッシング、コーミングをしてあげることが大切です。一番お手入れが簡単なのは、スムースヘアのダックスフンドではないでしょうか。また、この犬種は寒さに弱いので、防寒対策が必須です。

ダックスフンドはなんで胴長短足なの？

もともとは、ドイツでアナグマ狩りのための狩猟犬として活躍していたダックスフンド。

アナグマを追いかけて巣穴にもぐっていくため、狭いところでも自由に動き回れるように胴長短足になっていきました。ダックスと言うのは「アナグマ」という意味があるんです。胴が長い体型なので、高低差があるところや坂道などでは、背骨に負担がかかって腰を痛めてしまいます。遊んであげるときは、高い場所から絶対にジャンプさせたりしないでくださいね。

MEMO

体　高／21～24cm
体　重／5～6kg
原産国／

ドイツ

ラブラドール・レトリーバー

愛情あふれる人間のよきパートナー

盲導犬や、介助犬として活躍している姿が印象的なラブラドール・レトリーバー。その性格は温厚で賢く、どんな命令に対しても誠実に取り組む利口な犬種です。

ラブラドール・レトリーバーは物をくわえて運んだり、泳いだりすることが上手だったので、水鳥の猟犬として活躍していました。レトリーバーには、英語で「くわえて持ってくる」という意味があります。

大型犬は大人しい

成犬になると、30～40kgを越えることも珍しくない大型犬は一見怖くて近寄りがたいですが、小型犬よりも大人しく、穏やかな犬が多いんです。

運動量が必要なので、1日2回の散歩の他、ドックランなどへ連れて行っておもいっきり運動をさせてあげるととても喜びます。

MEMO

体　高／55㎝前後
体　重／30～40kg
原産国／
イギリス

犬種登録数ランキング

※1年間で新しく登録された犬種ごとのランキングです。

	2003年	2012年
1位	ダックスフンド	トイ・プードル
2位	チワワ	チワワ
3位	プードル	ダックスフンド
4位	ウェルシュ・コーギー・ペンブローク	ポメラニアン
5位	シー・ズー	ヨーク・シャテリア

出典：一般社団法人ジャパンケネルクラブ犬種別犬籍登録頭数

犬の不思議あれこれ

犬が足を高く上げておしっこするのは何で？

自分の縄張りを主張するために、おしっこによってマーキングします。足を高く上げるのは自分の大きさをアピールしているんです。オスにみられる習性ですが、メスでも稀にやる犬もいます。

警察犬などは臭いで犯人を捜し出したりするけど、犬の嗅覚ってそんなにすごいの？

犬種にもよりますが、犬の嗅覚は人間の千～1億倍と言われています。もともと人間に連れられて狩猟を行っていたので、獲物を探すために嗅覚が発達しているんです。中でも、ビーグルや、ワセットハウンド、ダックスフンドが優れています。

吠え方の違いで気持ちが分かる？

犬の吠え方で、嬉しいのか、怒っているのか、何となく分かるんです。声が高ければ、不安や恐怖を感じているとき、低ければ怒っていたり、警戒しているときなので、むやみに近寄ったりしないでください。

オスとメスで飼いやすさは違いますか？

オスは好奇心旺盛で遊ぶことが大好きです。メスと比べると素直なので言うことも良くききます。メスは、気分屋で、気が強いです。飼いやすさは、そのご家庭のライフスタイルにもよるので、よく吟味してから飼ってくださいね。

ペットの専門店 コジマ新宿店
住　所／東京都新宿区西新宿5-1-18
電話番号／03-5358-4521
営業時間／10:00～20:00　年中無休
アクセス／丸ノ内線「西新宿駅」徒歩7～8分

ここは、子育ての悩み相談や、ママ必見のレシピ紹介、
日々のちょっとした出来事など、
小学生のお子様を持つ、パパ・ママのための
意見交換の場です。
みなさまからの投稿おまちしています!

ぱぱまま掲示板

サクセス12の読者が作る「ぱぱまま掲示板」。
みなさまからいただいた投稿・アンケートをもとにしてお届けいたします。

夏休みの思い出

とっても贅沢!

ロシアと中国へ海外旅行に行ってきました。ロシアは涼しく17~18度くらいでした。また、夜になっても明るくてびっくりしました。世界遺産を見ることができ、とても楽しかったです。一方中国は、外に出たくなくなるほど暑かったです。(東京都・えりかさんより)

編集部より●同時に2カ国なんて、とっても贅沢な夏休みですね。うらやましいです。

流れ星に願いを込めて。

子どもたちと庭に寝転がって、ペルセウス座流星群を見ました。あんなに綺麗で大きな流れ星をたくさん見たのは初めてで、とても感動しました。もちろん、子どもが合格するように必死にお願いをしました。(東京都・バジルソース作る人さんより)

編集部より●お子様たちにも、素敵な思い出ができましたね。願いがかなうよう、編集部でも応援しています!

満喫した夏休み。

「これでもか!」というくらいに水泳↓宿題↓自由研究↓遠方の友人との再会↓水泳の繰り返しでした。夏休みは大満喫したので、これからは勉強に勤しむはず…!?(東京都・くみくみんさんより)

編集部より●充実した夏休みを過ごされたのですね。秋は勉強モードに切り替えて頑張りましょう!

パワースポット三昧。

出雲大社に行ったり、日光東照宮に行ったりしました。色々なパワースポットに行ったので運気がアップしてほしいです。他にも鹿島アントラーズの試合観戦や、ディズニーランドに行きました。(東京都・ともきさんより)

編集部より●それだけ行ったのだから、きっと運気もアップしているはず!良い事がたくさんあるといいですね。

女性らしく。

ジャケットはきちんと見えるので必須です。ワンピースもよく着ます。基本は女性らしいコーディネートを意識しています。アクセサリーも小さめのもの、ヒールもあまり高くないものを選んでいます。(神奈川県・そらさんより)

編集部より●女性らしい、優しい雰囲気のお母様を早稲アカのイベントでもよくお見かけします。

説明会の服装

清楚がいちばん。

派手な色や柄物は避けて、白いブラウスに黒のシフォンスカートなどシンプルで清楚な服装を心掛けています。(埼玉県・かなままさんより)

編集部より●この意見が一番多かったのも納得です。清楚な服装は誰からも好感を持たれますよね。

おすすめの本

日本人の知らない日本語

(著者:蛇蔵&海野凪子)

埼玉県・KAORINさんの紹介●意外と知らなかった日本語を知る事ができて面白い!

石垣りん 全集

(著者:石垣りん)

東京都・詩人 石垣りんさんの紹介●やさしい気持ちになる、そんな詩集です。

A型 自分の説明書

(著者:Jamais Jamais)

神奈川県・マサトさんの紹介●自分の性格が分かる!

読書力

(著者:齋藤孝)

東京都・とくすけさんの紹介●子どもに読書の大切さや素晴らしさを伝えられ、ためになりました。

今夜のメニューにあと1品!

簡単 時短メニュー

かまぼこ明太

〈材料〉
かまぼこ　明太子　青しそ

〈作り方〉
①かまぼこを1cm幅に切り、さらに真ん中に3/4ほど切込みを入れる
②青しそを挟み、その中に明太子を入れる

そのまま食べても、醤油をつけてもおいしいです。

今月号のテーマ

今月号のテーマは4つ!1枚めくったFAX送信用紙にテーマを記入して、FAXもしくは封書・メールにて送ってください。

投稿大募集!

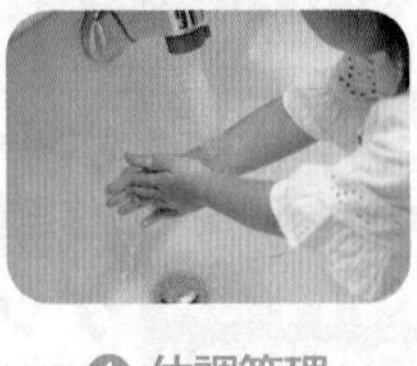

❶ 体調管理

お子様の体調管理で
気を付けていることはありますか?
また、風邪の予防に効く方法が
あれば教えてください。

❷ わが子自慢!

「水泳の大会で優勝しました!」
「読書コンクールで表彰されました!」
などお子様の頑張ったことを
ここで自慢してください。

❸ 声掛け

お子様のテストの成績が
悪かったとき、
どのように声掛けをしていますか?

❹ お気に入り

気に入って何年も使っている物や、
色違いで持っている物はありませんか?
お気に入りの理由と写真を添えて
送ってください。

※写真はメールか封書で送ってください。

クイズ

クイズに答えてプレゼントをもらっちゃおう!

「都道府県アンテナショップ探訪」で特集した熊本県の方言に関する問題です。
下にあるそれぞれの方言は、標準語で何と言うでしょう？A〜Eの中から選んでください。

1：うまか　2：とっとっと　3：ばってん

A：しかし　B：おどろく　C：捨てる　D：おいしい　E：取り置く

●9.10月号正解／Q1：C　Q2：A　Q3：B

プレゼント

正解者の中から抽選で以下の賞品をプレゼント!!

A賞

絵が上手な人も、苦手な人も。

誰でも巨匠になれる「簡単ぬり絵」1名

キャンバスにある番号数字を確認しながら絵の具を輪郭線に沿って塗るだけで、名画が簡単に書ける「簡単ぬり絵」。必要なものはすべてこのキットの中に入っています。是非、休日に親子でチャレンジしてみてはいかがでしょうか。

B賞

かわいいロボットのクラフトキット

プレイデコ 2名

はさみものりも使わずに楽しめる木と紙のクラフトキット。完成後は小物入れやメモスタンドにも使えます。学校の工作時間を思い出しながら作ってみてください。

商品問い合わせ先：池袋ロフト10階バラエティ雑貨売場
TEL. 03-5960-6210（代表）

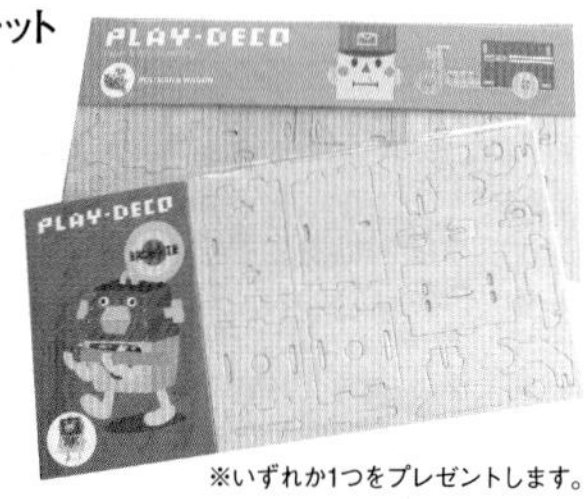

※いずれか1つをプレゼントします。

C賞

これで暗記はばっちり!

暗記ノート 5名

暗記に使える便利なノート。やり方は簡単！暗記したい文字をオレンジ系のペンで書いて、赤いシートを重ねて隠すだけ。赤いシートを曲げて上から下にスライドしながら暗記をしていきましょう。ペンをつけて、5名様にプレゼント。

商品問い合わせ先：池袋ロフト12階文具売場
TEL. 03-5960-6210（代表）

当選者の発表は賞品の発送をもって代えさせていただきます。

応募方法

●FAX送信用紙で
裏面にあるFAX送信用紙に必要事項をご記入のうえ下記FAX番号にお送りください。

FAX：03-3590-3901

●メールで

success12@g-ap.com

NEW

●QRコードで
携帯電話・スマートフォンで右のQRコードを読み取り、メールすることもできます。

●ハガキ・封書で
クイズの回答と希望商品、住所、電話番号、氏名、お通いの塾・校舎などをご記入いただき、下記宛先までお送りください。また、裏面のFAX送信用紙に記載されているアンケートにもお答えください。
今月号のテーマへの投稿、サクセス12への感想もお待ちしています。

宛先／〒171-0014　東京都豊島区池袋2-53-7
早稲田アカデミー本社広告宣伝部
『サクセス12』編集室

【応募〆切】
2013年11月30日（土）

サクセス12　11・12月号　vol.45

編集長
喜多　利文

編集スタッフ
茂木　美穂
岡　清美
生沼　徹

企画・編集・制作
株式会社 早稲田アカデミー
サクセス12編集室（早稲田アカデミー 内）
〒171-0014 東京都豊島区池袋2-53-7

編集後記

入試や模擬試験で良い結果を出すためには、難しい問題ばかりを解かなければならないと思っていませんか？実は、どの教科においても成績を伸ばすためのポイントは、基礎力の充実にあるのです。多少遠回りのようでも、まずは基礎・基本となる知識や考え方をしっかりと身に付けることを優先させてください。その上で、習った知識をもとにさまざまな問題にあたることで、難しい問題にも対応することができるようになるのです。

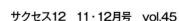

FAX送信用紙

※封書での郵送時にもご使用ください。

クイズの答え

1：　　　　　2：　　　　　3：

希望賞品（いずれかを選んで○をしてください）

A賞　・　B賞　・　C賞

氏名（保護者様）

（ペンネーム　　　　　　　　　　　）

氏名（お子様）

（ペンネーム　　　　　　　　　　　）

学年

現在、塾に

通っている　・　通っていない

通っている場合
塾名

（校舎名　　　　　　　　　　　）

住所（〒　　　-　　　　）

電話番号

（　　　　　）

面白かった記事には○を、つまらなかった記事には×をそれぞれ3つずつ（　　）内にいれてください。

（　　）04　たった0.05mmのミドリムシが地球を救う！？
（　　）08　早稲田アカデミー主催　教育・進学講演会
（　　）10　Premium school　桐朋中学校
（　　）16　アクティ& おかぽんが「鉄道博物館」に行ってきました！
（　　）18　聞いてビックリ知って納得
都道府県アンテナショップ探訪　熊本県
（　　）20　お仕事見聞録
西川産業株式会社　販売企画担当者
須藤 健二朗さん
（　　）24　6年後、夢をかなえる中学校「夢中」　駒込中学校
（　　）26　Close up!!　和洋国府台女子中学校
（　　）32　公立中高一貫校リポートvol.21
さいたま市立浦和中学校
（　　）36　全員集合 部活に注目！
玉川学園中学部「ハンドベルクワイア」
（　　）38　Go! Go! 志望校　第14回
浅野中学校・高等学校「打越祭第1部・文化祭」
（　　）40　私学の図書館～ただいま貸し出し中～
（　　）46　子どもに幸福感を持たせるにはどうすればいいか
（　　）50　気づかない子どもの中耳炎に注意
（　　）52　子どもの本の世界　モリナガ・ヨウ［絵本作家］
（　　）54　インタビュー　気象予報士　天達武史
（　　）58　保健室より　親と子の悩み相談コーナー
（　　）60　レッツ何でもトライ
⑪ アフリカの楽器を作ってみよう！
（　　）70　大人も子どもも本からマナブ
（　　）74　森上展安の中学受験WATCHING
（　　）80　NEWS2013「2020年東京オリンピック」
（　　）86　熟語パズル・問題
（　　）88　親子でやってみよう！ 科学マジック
（　　）94　学ナビ！　上野学園中学校
（　　）95　学ナビ！　東京純心女子中学校
（　　）96　疑問がスッキリ！ 教えて中学受験
（　　）108　この問題解けるかな？
（　　）112　熟語パズル・解答
（　　）113　私立中学校の入試問題に挑戦
（　　）115　忙しいママ必見！クラスのアイドル弁当
（　　）116　本物より本物らしい宇宙
（　　）118　福田貴一先生の㊌が来るアドバイス
（　　）120　英語でミルミルわかる私学
（　　）122　海外生・帰国生に関する教育情報
（　　）124　サクセス研究所
（　　）128　ぱぱまま掲示板
（　　）129　クイズ・プレゼントコーナー

募集中

テーマ（　　　　　　　　　　　　　　）　128ページよりお選びください。

FAX.03-3590-3901

FAX番号をお間違えのないようお確かめください

サクセス12の感想

中学受験　サクセス12　11・12月号2013

発行／2013年10月31日 初版第一刷発行　発行所／（株）グローバル教育出版 〒101-0047 東京都千代田区内神田2-4-2　編集／サクセス編集室 電話03-5939-7928 FAX03-5939-6014